DE PARIS
A NAPLES.

SOUVENIRS DE L'ITALIE EN 1852.

Par Jules d'Aoust.

ARRAS,
TYPOGRAPHIE D'AUG. TIERNY, RUE ERNESTALE, 292.

1853.

DE PARIS A NAPLES.

DE

PARIS A NAPLES.

SOUVENIRS DE L'ITALIE

EN 1852.

Par Jules d'Aoust.

ARRAS,

TYPOGRAPHIE D'AUGUSTE TIERNY, RUE ERNESTALE, N.° 292.

LETTRES
SUR L'ITALIE.

I.

Il y a peu d'années, nous pourrions dire peu de mois, il fallait, lorsqu'on songeait à partir pour Lyon, retenir dix ou quinze jours à l'avance une place dans une de ces lourdes diligences chargées à faire peur et qui néanmoins parcouraient à grands renforts de chevaux la route de Paris à Châlons en quarante heures environ. Chacun s'extasiait de cette vitesse merveilleuse dépassée encore par la malle-poste, dont peu de personnes pouvaient profiter à cause de la difficulté d'y trouver place. C'était, en effet, demander à ces pauvres chevaux au-delà de leurs forces, et certes la Société pour la protection des animaux, si elle eût eu alors la même puissance qu'aujourd'hui, eût dû nécessairement intervenir contre ces exigences barbares.

Les places retenues, il fallait partir à heure et jour fixes, tel tems qu'il fît, malade ou bien portant, et se résoudre à s'enfermer pour deux jours, sans repos ni trève, dans un étroit espace où les jambes, privées de leur libre arbitre, se gonflaient endolories, où le cerveau, engourdi par le bruit continu et l'air vicié, perdait ses facultés intellectuelles.

Cependant vous trouvez une foule de gens routiniers, encroûtés, qui soutiennent hautement, l'aphorisme de Janin à la bouche, qu'en ce tems-là on voyageait, et qu'aujourd'hui, par les chemins de fer, on arrive.

Nous serions fort aise d'apprendre ce que voyaient si commodément par l'étroite vitre d'une diligence ces entêtés réactionnaires, et s'il leur était loisible de visiter beaucoup de villes et de monumens pendant les vingt minutes que le conducteur attardé leur accordait à grande peine pour le chétif dîner de table d'hôte ! Sans doute le petit nombre de personnes assez riches pour courir la poste à petites journées voyaient mieux le pays qu'en le parcourant en chemin de fer, mais l'exception ne fait pas la règle, d'autant que parmi les voyageurs en chaise de poste il s'en trouvait fort peu amateurs des beautés de la nature ou de l'art.

Quant aux voitures publiques qui, pour le commerce et la correspondance, marchaient plus souvent la nuit que le jour et ne s'arrêtaient nulle part, nous soutenons qu'il n'y avait pire mode de voyager que celui-là pour les voyageurs artistes, comme pour les amis du confort et du bien-être.

Nous sommes passés plusieurs fois à Sens, à Auxerre, sans avoir vu, des belles églises qui font la gloire de ces villes, autre chose que le bout de leurs flèches ou un coin de leur portail ; car si nous nous fussions arrêtés, nous aurions pu rester là trois ou quatre jours à attendre une place incertaine dans quelque voiture publique. Grâce au chemin de fer, on peut en une journée visiter quelques villes, s'arrêter, repartir en toute liberté et presque à toute heure. De plus, absence de fatigue qui vous laisse toute liberté d'esprit, et fait du voyage un plaisir et non une torture.

Nous qui avons éprouvé tous les modes de locomotions des pays civilisés, nous proclamons hautement la supériorité du wagon roulant doucement sur les rails unis, et nous disons heureux nos descendans qui n'auront pas fait l'épreuve des barbares voitures montant péniblement et au petit pas les côtes et les descendant au galop sans nul souci de la part du postillon que vous arriviez en bas tout entier ou par morceaux. Le conducteur était responsable des marchandises et non des voyageurs. Le voyage de Paris à Dijon, en novembre 1851, n'était pas fait cependant pour nous faire aimer les chemins de fer : l'État exploitait encore le chemin à cette époque, et les directeurs, payés régulièrement par le Trésor, se souciaient fort peu d'attirer des voyageurs par le confort et les agrémens du voyage.

Il neigeait affreusement, la température était glaciale, et cependant il y avait absence de boules d'eau chaudes dans les voitures, de feu dans les stations les plus importantes, même celle de Paris. L'abord des baraques en bois, servant de stations provisoires, était rendu impossible par des bourbiers profonds où l'on s'enfonçait jusqu'aux genoux; nous arrivâmes à l'hôtel du Parc, à Dijon, par une obscurité profonde, car nous avions deux heures de retard, et aux trois quarts gelés : il nous fallut passer plus d'une heure près d'un grand feu pour dégourdir nos membres raidis comme si nous avions couru sur une route de Russie. Enfin, un excellent dîner et de bons lits nous consolèrent de ces inconvéniens, qui, pour notre malheur, devaient se renouveler le lendemain matin avant le lever du soleil.

Il était donc impossible de visiter les tombeaux des ducs de Bourgogne et cette jolie ville de Dijon.

Châlons offre beaucoup moins d'intérêt; elle ne produit guère, à ce qu'il paraît, que des socialistes fort abondans en ce lieu, depuis 1848 surtout : quant à des architectes, il est peu probable qu'il en vint jamais en cette ville, car non seulement il y a absence de monumens, mais les maisons y ont un air platement bourgeois à désespérer le regard. Les rues sont droites, larges, et doivent être propres par un ciel moins inclément.

Les poêles de la gare de Châlons étaient tout aussi dépourvus de feu que ceux des autres stations. Décidément le régime républicain voulait faire des citoyens voyageurs de véritables Spartiates.

Il fallut pourtant attendre une heure dans des salles glacées, dont aucune porte n'était close, qu'on nous délivrât nos bagages pour les faire porter au bateau à vapeur.

Ce bateau qui correspond aux trains directs est le plus petit, le plus incommode de ceux qui sillonnent cette belle rivière de la Saône. Vous dire pourquoi l'on a fait ce choix malheureux, je ne saurais; ce sont de ces secrets communs d'entreprise à entreprise où il serait dangereux aux voyageurs de s'immiscer.

La machine, mal calculée, imprimait à ce bateau des secousses qui faisaient danser sur les tables les assiettes, les verres du restaurant, renversaient le vin et les liquides sur les consommateurs. Mais le bateau filait rapidement, et sept heures après nous apercevions les rians côteaux couverts de villas élégantes qui encadrent la rivière près de Lyon; puis enfin nous débarquions sur le quai, où l'on a élevé récemment un débarcadère fort convenable.

C'est aussi depuis peu que l'on trouve des voitures pour vous conduire aux quartiers des hôtels. Il n'y a pas longtemps qu'il fallait suivre à pied, par la pluie, la grêle ou la neige, qui constituent le climat habituel de Lyon, le commissionnaire chargé des bagages. Le quai de débarquement de la Saône est pourtant éloigné de deux bons kilomètres de la place Bellecourt.

Dans la position la plus admirable, entre deux fleuves immenses dont les rives se rejoignent par une foule de ponts hardiment construits, avec des côteaux qui la dominent et qui, la cime couverte de maisons, d'églises, laissent voir par intervalle des masses de rocs grisâtres, Lyon produit sur l'étranger une impression peu agréable.

La Saône et le Rhône sont pourtant bordés de larges quais garnis de trottoirs : leurs courbes sont gràcieuses et d'un développement grandiose ; la place Bellecourt, plantée d'une double rangée d'arbres, et formant un parallèlogramme régulier entouré de belles maisons, peut à bon droit passer pour une des plus remarquables d'Europe.

Cependant les hautes maisons noires, mal tenues, où la malpropreté lyonnaise, rebutante à l'intérieur, se laisse même apercevoir du dehors ; les rues étroites, boueuses, où la lumière pénètre à peine, où le soleil ne luit jamais, cette population qui met toute sa vie dans le lucre et qui parcourt silencieuse le dédale de ces ruelles, au milieu d'un fracas de charrettes et d'omnibus, tout cet ensemble ne donnera jamais à personne le désir de se fixer à Lyon quand ses intérêts ne l'y forcent pas.

On sait combien la population ouvrière de cette grande ville est aujourd'hui corrompue d'idées. L'émeute et le socialisme y ont trouvé, plus que nulle part ailleurs, des masses d'adhérens. Les économistes, qui prétendent que la malpropreté et l'insalubrité des logemens engendrent le vice, peuvent puiser là des preuves à l'appui de leur assertion. Les malheureux ouvriers de Lyon, qui outrent sans doute le goût général des habitans pour l'oubli de tout soin personnel, croupissent, plus qu'à Paris encore, dans d'ignobles bouges dont la description donnerait des nausées.

Point d'air, de lumière, qui pénètrent par les fenètres donnant sur des cours étroites ou des rues infectes. D'ailleurs, le soleil de Lyon ressemble, à s'y méprendre, à celui de Londres. Lorsque par hasard il essaie de se montrer, on n'aperçoit son disque rouge qu'à travers le nuage de fumée de houille qui plane sans cesse au-dessus de la ville. La haute bourgeoisie, le commerce, et le peu de noblesse qui reste à Lyon, mènent une existence modeste, en rapport avec l'avarice qui s'allie ici, contrairement au précepte de l'évangile, avec une haute dévotion. On veut gagner de l'argent, beaucoup d'argent, et on se donne infiniment de peine, comme partout, pour y parvenir ; mais c'est pour le garder, et non pour le dépenser comme ces fous de Parisiens ! La vie, en général, à part les logemens, n'est pas trop chère ; on trouvera même les hôtels raisonnables, si toutefois on ne descend pas à l'*Univers*. Il y a nombre de bons et beaux cafés, où le chocolat et les glaces se ressentent déjà du voisinage de la frontière italienne.

Peu de voyageurs du Nord s'arrètent assez de tems à Lyon pour visiter les monumens qui, cependant, en valent la peine. La cathédrale gothique du XIII.e siècle a des arceaux hardis, une voûte élégante, une abside du plus bel effet, un riche portail. Elle est située à l'extrémité de la place Saint-Jean, au pied de Fourvière, dont la chapelle vénérée est un célèbre but de pélerinage ; les murs sont tapissés d'*ex-voto* curieux, et on jouit de la terrasse de la plus belle vue possible sur toute la ville et les environs.

La bibliothèque est une des plus riches et des plus vastes de France ; le Musée contient des toiles précieuses qu'on va souvent chercher bien loin, lorsqu'on les néglige de près. — Afin de donner du regret à ceux qui ont passé outre, nous citerons les reliques de Sainte-Véronique, de Ph. de Champagne ; Saint-François et Saint-Dominique, par Rubens ; deux têtes de Van-Dyck, un beau Téniers, le baptême de J.-C., par L. Carrache, un Guerchin, un Paul Véronèse et la célèbre Ascension de Pérugin.

Le théâtre est grand et fort beau à l'extérieur ; il a coûté quatre millions et paraît une superfluité pour les Lyonnais, car il est toujours vide et les directeurs s'y ruinent successivement, malgré la subvention.

La haute dévotion des uns, les préoccupations commerciales des autres, font le vide au séjour des arts, qu'on a, en général ici, en grande antipathie. Aussi la société, privée de la couleur qu'y apportent les artistes parsemés en son sein, a-t-elle une teinte uniforme et terne. Il ne faut pas oublier que la puissante compagnie de Jésus a pris Lyon pour centre de son action en France et réagit sur l'esprit des habitans.

L'hôtel-de-Ville, situé sur la place des Terreaux, fut construit par Mansard, comme le vaste hôpital qui s'étend sur le quai du Rhône fut élevé par Soufflot. Ce sont deux beaux monumens.

Dans le vestibule de l'hôtel-de-Ville sont les statues du Rhône et de la Saône, sauvées à grande peine du vandalisme révolutionnaire, qui s'attaque, en France, au moins autant aux monumens qu'aux hommes.

DE LYON A NICE.

II.

Ce devrait être une vraie partie de plaisir que de descendre le beau fleuve aux rives pittoresques aux eaux inconstantes et rapides qui relie Lyon à la Méditerranée. Il en serait ainsi, sans doute, si une compagnie parisienne ou allemande exploitait sur le Rhône une ligne de bateaux à vapeur : le voyageur trouverait sur ces pyroscaphes, bien-être, propreté, élégance même, s'il n'y jouissait pas du luxe qui brille dans les vapeurs du Rhin.

Mais ce sont les compagnies lyonnaises qui exploitent la navigation du Rhône ; c'est dire qu'on traite le voyageur moins bien que le dernier ballot de marchandise de troisième classe, parce qu'il est pour la compagnie d'un bénéfice moins certain. Les bateaux sont énormes, munis de fortes machines qui leur permettent de remonter le fleuve en quarante ou cinquante heures, d'Arles à Lyon, malgré le courant impétueux et les bancs de sables où l'on échoue fréquemment, et qui forcent en tout cas de ralentir la marche dans les endroits dangereux.

Mais ces bateaux, bien construits pour la marche, et dans lesquels il faudrait si peu dépenser en plus pour les rendre convenables et commodes aux voyageurs, manquent absolument de ce qui est strictement indispensable.

Une malpropreté dégoûtante règne à bord. On marche partout sur des miettes de charbon qu'on écrase sous les pieds ou sur du goudron répandu par négligence : jamais, je crois, le pont n'est balayé, et la pluie seule se charge du lavage.

Les colis de toutes sortes encombrent l'arrière comme l'avant, et il ne reste de chaque côté qu'une étroite allée réservée pour le service et où l'on ne peut passer qu'un à la fois. Point de bancs sur le pont, il faut s'asseoir sur une caisse quelconque ou aller étouffer dans la grande chambre, qui n'est pas mieux tenue que le reste.

La nourriture est affreuse, repoussante, et, dans ce dernier voyage, on nous servit pour tout dîner des tranches de bœuf à l'ail, et des côtelettes de mouton pour lesquelles des dents d'acier fondu n'eussent point été de luxe. Ce festin était posé devant nous dans des écuelles de terre jaune d'une propreté douteuse, mais il coûtait quatre francs comme tout dîner d'hôtel en 1852.

Il faut des sites merveilleux, des rives bien admirables pour faire trouver agréable une navigation faite dans de semblables conditions.

Cependant, lorsqu'on regarde ces rochers, ces montagnes vertes, dominées parfois de ruines et de châteaux, lorsqu'on aperçoit dans quelque gorge de montagne une vallée fertile qui va s'élargissant à mesure qu'elle s'éloigne et qui est toute parsemée de villages aux maisons blanches ; puis ces villes qu'on traverse avec la rapidité de la vapeur et du courant, mais qui perdraient de leur charme si on avait plus de tems pour les voir, on se prend à oublier tous les inconvéniens du voyage et à ne penser qu'aux beautés sublimes jetées à profusion sur la route par une prodigue nature.

Tout-à-tour on voit fuir à droite ou à gauche Vienne, derrière laquelle se dessinent les cimes neigeuses des montagnes de l'Isère et des Alpes ; les paysages agrestes et sévères de l'Ardèche ; Valence, la plus jolie ville assise sur les bords du Rhône. De Lyon à Avignon, déjà vingt fois la cheminée du vapeur s'est abaissée pour passer sous d'élégans ponts suspendus, dont celui qui joint Tournon à Tain est l'un des plus remarquables.

Rochemure, Montélimart, le bourg Saint-Andéol, villes plus agréables à apercevoir qu'à habiter, surtout à cause de leurs populations aux mœurs dures et farouches, passent ensuite devant nous. Déjà nous avons franchi le redoutable pont Saint-Esprit, sous lequel le Rhône se précipite avec fureur : quoique la machine soit arrêtée, le bateau est porté en avant avec une vélocité effrayante ; il semble que ses larges tambours vont se briser contre l'arche étroite du pont. Mais l'habileté du pilote a triomphé de la difficulté ; nous passons juste au milieu, et de chaque côté un mètre ou deux restent à peine pour les déviations inévitables.

A la remonte, le passage du pont demande beaucoup de tems et offre plus de danger encore : je faillis y sauter il y a dix ans.

Déjà les brumes du ciel lyonnais ont disparu et fait place à l'azur foncé du ciel méridional. Lorsque le mistral ne souffle pas avec fureur, on sent les tièdes haleines des brises du midi. Nous laissons l'hiver derrière nous, et nous retrouvons l'automne véritable, l'automne célébré par les poëtes, et qui semble un mythe dans nos climats déshérités.

Nous arrivâmes dans la vieille cité des papes par le soleil le plus brillant ; la jouissance que j'éprouvai en voyant ce beau tems succéder aux pluies glaciales et à la neige de la Bourgogne me fit tout oublier : exigences des porteurs d'Avignon, aussi renommés par leur rapacité que par leur caractère féroce qui se traduit souvent en coups de couteaux ; abordage du bateau à plus d'un kilomètre de la ville, et même la nuit passée à bord sur une banquette non rembourrée, par suite d'un caprice du capitaine qui avait jugé à propos de relâcher à quatre lieues d'Avignon sous prétexte que le jour tombait.....

Après avoir visité la cathédrale, le curieux château des papes, salué le fameux pont dont il ne reste que deux ou trois piles, nous prîmes le chemin de fer pour Marseille. Nous nous trouvions en paradis dans ces voitures confortables ; les pieds sur des fourrures recouvrant des boules d'eau chaude, qui étaient du superflu, car il faisait un tems délicieux.

Les vues ne sont pas très-remarquables tout le long de ce chemin. On passe avec regret près de la curieuse ville d'Arles, où toujours on devrait s'arrêter, tant à cause de ses antiquités que des beautés plus modernes et plus attrayantes encore des Arlésiennes, chez qui le type grec s'est conservé après bien des siècles.

On ne jouit pas des nombreux travaux d'art de ce chemin de fer ; seulement on traverse, dans une nuit obscure qui dure quinze minutes, le fameux tunnel rival de celui de Blaisy, puis des tranchées immenses taillées dans le roc vif. Bientôt on arrive au débarcadère.

Marseille doit être fort agréable à habiter, à cause de son beau ciel, de ses rues larges, propres, animées d'une population variée et active ; à cause des ressources de tout genre qu'on y trouve pour la vie, du mouvement de ce beau port incessamment rempli de navires sous tous pavillons.

Mais l'étranger n'est pas retenu longtemps par l'intérêt que cette ville, qu'on croirait nouvellement créée, peut lui offrir. — Pour tout monument, on n'a guère que le théâtre, et chacun sait que tous le théâtres se ressemblent à peu près. C'est toujours une colonnade dorique ou corinthienne, l'éternel fronton triangulaire, ou bien un pourtour de massifs piliers formant portique, dans le style de l'Odéon à Paris.

On projette une Bourse, que les richesses de la chambre de commerce marseillaise lui permettent de construire magnifique, et le Prince Président a décrété récemment l'érection d'une cathédrale. Les églises de Marseille sont jusqu'ici des plus misérables, et peu dignes d'une aussi grande ville.

Lorsqu'on aura parcouru le cours Napoléon planté d'arbres, la belle promenade du Prado, le quartier du théâtre, jeté un coup-d'œil sur les bazars et les grands magasins, arpenté plusieurs fois la rue Canebière, sans égale dans le monde par sa position inclinée vers le port qui lui sert de panorama, visité en barque les anciens et les nouveaux bassins, le port de la Joliette, on n'aura rien de mieux à faire que de s'embarquer pour Nice sur un des médiocres bâtimens qui desservent cette ligne, ou de prendre place dans l'une des nombreuses voitures qui roulent au galop sur la route d'Italie.

Malheureusement aucune ne passe par Toulon, et si l'on veut connaître cette curieuse ville et son beau port militaire, il faut se résoudre à d'ennuyeuses complications de moyens de transport. Nous prîmes donc, comme tout le monde, la route de Draguignan, où nous nous arrangeâmes pour coucher, afin de parcourir pendant le jour le pays le plus pittoresque qu'on puisse voir.

Rien de varié, de sauvage, d'agreste comme la nouvelle route de Marseille à Brignole. On suit les méandres de torrens impétueux, courant au fond des vallées dominées par des montagnes boisées ou des rochers abruptes. A chaque lieue, le paysage diffère, et toujours il semble plus beau ou plus charmant. On oublie bien vite, à la vue de cette nature remarquable, les insupportables cahotemens de la route, macadamisée en galets gros comme les deux poings, et qui semble construite par des ingénieurs de l'autre siècle. Il en est ainsi jusqu'à Cannes, et certes, cette voie si fréquentée par les étrangers ne doit pas leur donner une haute idée de l'administration des ponts-et-chaussées.

A partir de Brignole, on rentre dans la plaine : on traverse Vidaublan, le Luc, célèbre auparavant par ses marrons, et aujourd'hui plus célèbre encore par les orgies démagogiques qui suivirent le deux décembre. Cette population, envieuse, méchante, imbue de toutes les mauvaises passions dont se compose le socialisme, paraît cependant bien plus heureuse que les populations du nord de la France.

Logée dans des maisons en pierre bien aérées et presque toutes élevées d'un étage, ne connaissant point les rigueurs de l'hiver et les tristesses d'un ciel sans soleil, elle devrait avoir la gaîté et le contentement de vivre qui distinguent les peuples méridionaux. Mais non, c'est là que la haine, les sombres complots contre la société, les conspirations pleines de meurtres et de sang règnent et se trament.

Quant à Draguignan, c'est une ville d'un aspect tout particulier et qui ne manque pas d'un certain cachet ; les rues sont tortueuses, montueuses, les maisons de peu d'apparence. Mais de nombreuses fontaines arrosent les places et les carrefours. Il y a une jolie esplanade plantée en quinconce, et un bel hôtel de préfecture. Cependant, le bonheur d'y habiter n'est envié que par de vieux sous-préfets désespérés.

Presqu'au sortir de cette ville, on se trouve dans une contrée sauvage et peu habitée ; ce sont des steeppes, des bruyères, formant de tristes points de vue. Mais après avoir traversé l'affreuse bicoque qu'on appelle Fréjus, on en est bientôt dédommagé par les paysages de la montagne de l'Estérelle. Tandis que la diligence gravit lentement et péniblement cette pente raide et mal tracée, on a le loisir d'admirer ces gorges profondes, ces forêts de sapins, ces torrens impétueux qui écument et mugissent. Quel contraste charmant on trouve peu d'heures après, en descendant à Cannes, au milieu des villas élégantes dont les jardins sont pleins d'orangers et de rosiers en fleur au mois de novembre! La ville à l'aspect riant, est remplie de bons hôtels et de maisons garnies habitées par des familles anglaises qui viennent jouir de ce beau climat.

De là jusqu'à Nice c'est un jardin continuel, et ce paradis terrestre n'est gâté que par les formalités interminables du commissaire français pour les passeports, et par les douaniers piémontais.

NIZZA.

III.

Nous avons enfin franchi ce pont de bois long d'un kilomètre, jeté sur le Var, et qui est par moitié à la France, par moitié à la Sardaigne, comme le pont de Kehl est moitié badois moitié français. On est dès-lors bien près de Nice, et si l'on arrive avant le soir, on se croise avec des voitures remplies d'Anglaises au teint pâle, ou de Russes resplendissantes de santé, qui choisissent d'ordinaire le pont du Var comme but de promenade. Beaucoup de Français se dirigent aussi de ce côté, ne fût-ce que pour faire une excursion de quelques pas sur la terre natale. Car chez eux, si le sentiment patriotique n'est guère puissant en ce qui touche au gouvernement, à la Constitution du pays, à l'intérêt général, il est poussé au dernier degré en ce qui touche le sol, qu'ils n'abandonnent qu'avec peine et où ils reviennent au plus vite.

D'ailleurs, Nice étant dominée de tous côtés par des montagnes qui la garantissent du souffle des vents du nord, du nord-ouest et de l'est, et lui procurent pendant les trois quarts de l'année ce climat doux et tempéré qui fait tout son charme, il y a peu de routes faciles aux voitures et où l'on puisse s'élancer aux grandes allures des chevaux anglais.

Celle du pont du Var est à peu près la seule qui remplisse les conditions d'une surface plane et unie ; aussi, bien qu'on n'y jouisse que de la vue des ajoncs, du sable du rivage et de prairies marécageuses, est-elle d'ordinaire la plus fréquentée. Néanmoins, le paysage devient plus intéressant à mesure qu'on s'approche de Nice. Les collines boisées s'élèvent sur la gauche, et à travers le feuillage des myrthes, des orangers, des alaternes qui, l'hiver comme l'été, récréent le regard par leur verdure éternelle et brillante, on aperçoit de blanches villas bâties par des étrangers sur ces côtes enchantées qui se chauffent au soleil du midi, et se mirent dans les flots bleus de la Méditerranée.

S'il est une ville de cosmopolites, c'est Nice ; elle se compose presqu'entièrement d'hôtels, de maisons garnies, de villas construites par des gens de toute nation, et dont les noms annoncent le plus souvent des Russes, des Polonais, des Anglais. Tous les habitans de Nice se restreignent dans un coin de leur logis et louent la plus grande partie de leurs habitations aux étrangers, auxquels ils font payer chèrement la gêne qu'ils s'imposent. En outre, des spéculateurs ont construit de charmans pavillons, le long du rivage de la mer, et ont ajouté à l'ancienne ville tout le faubourg appelé la Croix-de-Marbre. Ces maisons et ces pavillons se louent jusqu'à cinq mille francs par hiver, et il est difficile de trouver un appartement pour une famille de trois membres et un domestique, à moins de quatre cents francs par mois : encore faut-il s'engager pour toute la saison.

La vie, du reste, est à bon marché, sauf dans les hôtels, qui sont aujourd'hui au même prix dans tous les pays parcourus par les Anglais. Il va sans dire que ces prix sont ceux de l'Angleterre, moins le vin. Heureux les aubergistes qui se trouvent dans les contrées où la vie est à bon compte, ceux-là font grande et rapide fortune, et bientôt ils viennent éclabousser sur le boulevart des Italiens les malheureux voyageurs qu'ils ont étrillés de la belle manière!

Il faut bien cependant en passer par les exigences des aubergistes lorsqu'on ne reste à Nice qu'un mois ou deux. Impossible de se loger ailleurs qu'en un hôtel, et les Niçois aiment mieux garder leurs appartemens vides que de vous les livrer pour moins de six mois.

Du reste, on a du choix, et les hôtels élégans, confortables, sont les uns sur les autres : Voici l'hôtel Victoria, l'hôtel d'Angleterre, l'hôtel de Londres et l'hôtel Chauvin exposés au midi, le long du quai du torrent.

Puis, de l'autre côté, le grand hôtel des Etrangers, celui du Nord, et cent autres que nous n'avons nulle envie d'énumérer. Et cependant, telle est l'affluence des étrangers vers la fin d'octobre, qu'il faut souvent courir de tous côtés et frapper à vingt portes avant de pouvoir se caser.

On comprendra qu'une ville composée de maisons qui cherchent à attirer l'étranger locataire par une façade fraîchement récrépie, par des balcons où l'on vient respirer l'air pur et le doux parfum des orangers, par des fenêtres larges, bien peinturées et garnies de rideaux drapés, présente un aspect riant, mais n'ait rien de ce cachet historique des vieilles cités pittoresques.

Son étendue, considérable en longueur, l'est peu en largeur; elle s'étend le long de la mer sur trois kilomètres pour le moins. Le quartier de la Croix-de-Marbre, préféré par les Anglais, est macadamisé dans le vieux style, et l'on y enfonce dans la boue, ou l'on glisse sur de gros galets. Les rues de l'ancienne ville sont pavées de cailloux pointus des plus désagréables aux pieds, mais il y a quelques trottoirs. Tous les magasins, les cafés, le grand cabinet de lecture si bien fourni de livres et journaux, le théâtre, toutes les ressources enfin se trouvent dans cette partie de Nice construite entre le torrent et la mer.

Mais on est très à portée en se logeant sur le quai opposé faisant face au midi, et on évite ainsi les inconvéniens du quartier marchand.

Pour se rendre au port, il faut continuer vers l'est, parcourir le Corso, planté d'arbres fort grands et fort beaux, traverser les galeries dont le rez-de-chaussée est rempli de boutiques, de cafés, et dont le dessus, en forme de terrasse, offre par le beau tems une promenade des plus agréables, où toute la ville se donne rendez-vous le dimanche matin. C'est là seulement que les Niçoises font exhibition de leurs charmes, et c'est dommage, car nous en avons aperçu de fort jolies.

Un peu plus loin il a fallu, pour communiquer avec le port, tailler un chemin dans les rocs à pic qui baignent leur base dans la mer. Lorsque la lame est forte, elle vient se briser avec tant de puissance contre les rocs, qu'on sent le sol trembler sous ses pieds et qu'on entend un bruit semblable à celui du tonnerre se répercuter dans la montagne. Partout où le rocher fait angle ou retraite, on a construit des maisons et des hôtels qui sont moins chers qu'ailleurs, bien qu'à une excellente exposition. Mais il est peu agréable d'avoir d'énormes masses de rochers sans cesse suspendus à quelques cents pieds au-dessus de la tête.

Après avoir tourné un angle, on se trouve tout-à-coup en vue du port, qui forme un charmant tableau. Les navires d'un fort tonnage y sont rares. Le commerce consiste surtout en essences, en huile d'olive, en fruits confits qui sont ici délicieux et pour rien. On travaille fort artistement dans ce quartier le bois d'oranger et la marqueterie, mais je ne pense pas qu'on exporte beaucoup pour l'étranger.

En faisant le tour du port, on se retrouvera à l'extrémité de la vieille ville, où il y a une place carrée en arcades. Nice a, de ce côté, un aspect tout différent d'ailleurs; on peut revenir par le quai nord du torrent, et on aura fait une promenade de plusieurs kilomètres.

Pendant l'hiver, il se donne beaucoup de soirées et de bals dans la société russe et anglaise. Nous croyons qu'il n'existe pas de société niçoise : M. le comte de Césoles se charge presque seul de faire les honneurs de la ville aux étrangers et il s'en acquitte à merveille et avec une grâce parfaite.

M. le comte de Césoles est un très-bon musicien, et les artistes trouvent en lui un protecteur et un ami. C'est lui qui fit déposer le corps du grand Paganini dans une petite île voisine de Nice, où il expira sans avoir le temps de recevoir les secours de la religion, en attendant qu'on obtînt du pape l'annulation de l'arrêt de l'archevêque de Gênes qui refusait l'inhumation en terre sainte aux restes de ce grand artiste. La cour de Rome fit justice de la rigueur excessive du clergé piémontais, qui montra souvent depuis cet esprit d'intolérance et de despotisme dans des actes plus importans.

Sans doute l'esprit démagogique a des racines en Piémont et sème autant qu'il peut ses affreuses doctrines dans les populations : la mauvaise presse est là plus odieuse encore qu'ailleurs ; mais les idées religieuses n'ont en rien perdu de leur puissance, et les églises sont pleines de fidèles, non seulement le dimanche, mais encore les jours ouvrables. Quoi qu'on en dise, le gouvernement n'est nullement disposé à favoriser un mouvement voltairien, qui n'est plus de notre siècle, et un zèle trop intempestif pourrait seul y aider.

Les promenades autour de Nice sont variées et attrayantes. Plusieurs ne peuvent se faire qu'à cheval ou à âne. On en trouve une quantité ornés de selles rouges et couverts de fauteuils pour dames. Cependant on vient de tracer le long du torrent une route carossable pour aller au château de Saint-André. La vallée tortueuse qui suit ce chemin nouveau est des plus pittoresques et des plus sauvages. Les cimes des montagnes couvertes de neige et les rochers à pic s'élèvent parfois perpendiculairement au-dessus de la route. Pendant six kilomètres environ, on monte sans cesse, et on se trouve dans une température fort différente de celle de Nice. Le château de Saint-André, auquel conduit une spirale en pente rapide, est situé d'une manière heureuse, dominant la vallée profonde et la façade tournée vers le sud. Au-dessous, le torrent se précipite en bruyante cataracte, et un bassin d'eau pure comme le cristal scintille sur la plateforme étroite du château.

Parderrière, une longue allée de sapins, qui se termine par un étroit sentier pris dans le roc, et contre lequel coule un rapide ruisseau à fleur de terre, conduit à une grotte où les poètes du siècle dernier auraient vu force dryades et amadryades. Nous n'y avons aperçu qu'une eau pure distillée entre des stalactites et formant la source du torrent, puis des plantes grimpantes retombant avec grâce le long des parois de cette grotte humide.

Pendant les chaleurs de l'été, ce site ombreux et abrupte, ces eaux limpides, cette sombre grotte, doivent être délicieux à visiter. Comment ce château reste-t-il désert et dévasté comme si les Cosaques avaient passé par là? Sur la montagne de Cimier, on voit quelques vestiges d'une ancienne ville romaine qui fut considérable : du jardin des Capucins, on jouit d'un beau panorama sur Nice ; c'est une promenade à faire à pied ou sur le dos d'ânes à la lente et pacifique allure. La route de Villefranche, où les vues sont délicieuses, n'est point non plus praticable pour les voitures. Ceux qui ne craignent pas la mer peuvent revenir en barque. Du haut de la montagne, l'anse verdoyante au fond de laquelle est couchée Villefranche, sur un rivage où la tempête est impuissante à soulever les flots, offre un charmant tableau rempli d'ombre et de lumière. Il faut visiter le *Vallon-Obscur*, le Monte-Galvo, le vallon de Magnan.

Les voitures sont jolies et bien tenues à Nice, mais d'un prix très-élevé : il faut bien faire ses conditions avant de monter sur le marchepied ou se résoudre à être volé audacieusement.

La population n'a pas la souplesse d'esprit ni la grâce italienne, mais elle a déjà les défauts de ce pays.

ROUTE DE GÊNES.

IV.

Il est difficile de s'éloigner de Nice sans regret : ces belles maisons, ces collines riantes, la plage paisible, l'existence douce et tranquille qu'on y mène, tout vous fait regretter d'échanger ce calme, ce repos, pour reprendre la vie agitée des voyages. Puis, il est si bon de se chauffer au soleil le long du quai ou de la plage, de se promener sur cette longue terrasse qui domine la mer et qui est vraiment un ouvrage remarquable, tandis que la musique militaire, qui joue sous les arbres du Corso, attire une foule compacte qu'on aperçoit à travers le feuillage.

Il y a trois manières de se rendre de Nice à Gênes : par les bateaux à vapeur, par la diligence, ou par les voiturins. Nous ne parlons pas de la poste, qui est, sans contredit, la manière la plus commode de voyager en Italie, mais qui n'est pas à la portée des fortunes ordinaires : car avec les bonnes-mains, la mauvaise foi des postillons, on peut compter sur un tiers de dépenses de plus qu'en France pour la même distance parcourue. Le bateau ne part régulièrement qu'une fois par semaine, toujours le soir, ce qui est on ne peut plus désagréable pour ceux qui voyagent par plaisir ou curiosité. Les vapeurs affectés à cette ligne sont, en outre, assez mauvais, mal tenus et mal dirigés : la preuve en est dans le triste naufrage de la *Ville-de-Grasse*, où tant de personnes ont perdu la vie, où des scènes si déchirantes ont frappé de stupeur les villes du littoral.

En voyant jusqu'où va l'incurie des capitaines de ces bateaux, dont l'équipage tout entier dort d'un profond sommeil et laisse voguer le navire à la garde de Dieu ou du pilote, peu de personnes étaient tentées de prendre la voie de mer. Aussi la route de la Corniche était-elle sillonnée par une foule de voitures qui venaient animer ses charmans points de vue.

Il faut quatre jours au voiturin pour parcourir la distance de Nice à Gênes, qui n'est par mer qu'une traversée de douze à quatorze heures. Même en poste, pendant les jours courts, on ne peut guère mettre moins de trois jours. Outre les dangers réels qu'offre cette route pendant la nuit, les paysages qui se renouvellent d'instant en instant ont tant de charme qu'il serait vraiment dommage d'en être privé par l'obscurité. En partant de Nice, on gravit la montagne de la Turbia pendant près de trois heures ; au quart de sa hauteur environ, on jouit d'une vue admirable sur Nice, qui s'étend tout entière à vos pieds avec sa mer bleue, ses jardins d'orangers, de citronniers, de myrthes, ses rosiers encore en fleurs qui embaument l'atmosphère ; on domine le château de St.-André dans sa gorge profonde, avec ses cascades et ses torrens, puis Villefranche et son excellent port naturel.

Bientôt nous ne voyons autour de nous que des rocs sévères, sous nos pieds que la neige et la glace. Les chevaux glissent et s'abattent ; nous descendons pour rendre leur charge moins pesante. — La Turbia est la plus haute montagne qu'on ait à gravir sur la route de la rivière occidentale du golfe de Gênes ; mais rarement on parcourt un plan horizontal : c'était un système de nos pères de faire des plans inclinés. Malgré les difficultés immenses qu'on a eues à surmonter pour créer cette route, on aurait pu la tracer, sans contredit, moins montueuse. Chaque année, on travaille à la rectifier et à la rendre plus facile aux voitures ; mais il y a bien du travail, et le Piémont, endetté déjà par les crises politiques, a d'énormes dépenses à faire pour l'entretien de ses routes, qui toutes franchissent monts et vallées.

Tant est, que celle de la Corniche n'est pas des meilleures, et peut rivaliser avec celle de Marseille à Nice. On la raccommode avec de gros galets, qui font faire aux voitures des soubresauts peu agréables. C'est là, du reste, le moindre inconvénient : les torrens qu'il faut passer à gué en sont un bien plus grave. Souvent des crues d'eau subites interceptent complètement la circulation ; il faut alors attendre trois ou quatre jours dans quelqu'affreuse auberge où l'hôte vous fait payer chèrement le plaisir de mourir de faim.

Il est incroyable qu'on ait attendu jusqu'à présent pour construire des ponts sur les principaux torrens. Cette amélioration indispensable serait peu coûteuse, puisqu'on a les plus belles pierres sur les lieux mêmes. Les traités s'y opposaient, dit-on ; les diplomates sont bien gens à y insérer des clauses aussi absurdes ! Mais, en tous cas, elles paraissent annulées, puisqu'on prépare les matériaux des ponts sur le Tagia et le Cervo, les plus dangereux de ces torrens, où l'année dernière encore une diligence a été engloutie avec trois dames qu'elle contenait. Lorsque ces deux ouvrages seront achevés, la descente de Vintimiglia adoucie, la route de la Corniche sera praticable en tout tems, et le service des postes et des diligences ne sera jamais interrompu. Cependant elle offrira encore quelques dangers qu'il serait bien facile d'amoindrir : elle manque de parapets dans beaucoup de coudes rapides, et le moindre détour des chevaux pourrait précipiter la voiture dans la mer, sur laquelle on est souvent suspendu à une hauteur immense. Rien ne serait moins coûteux que d'élever dans les tournans de petits parapets avec les morceaux de rocs qu'on a partout sous la main.

Nous avons signalé les inconvéniens de la route de la Corniche, disons maintenant les charmes et l'intérêt qu'elle offre au voyageur.

Plaçons en première ligne ce soleil brillant et chaud, cette douce température qui nous faisaient oublier le mois de décembre, si bien que nous pensions voyager par les beaux jours du mois de mai. Puis ces jardins remplis d'orangers chargés de fruits ou de fleurs, de myrthes, de palmiers qui font songer à l'Orient ; ces collines plantées d'oliviers au noir feuillage, avec lequel contrastent les sapins et les alaternes. A droite, la mer au rivage gracieusement découpé, et dont on suit presque toujours les sinuosités. Tout-à-coup la route tourne vers le nord, et, s'enfonçant dans des rocs dépouillés et sévères, traverse des ponts suspendus sur des abîmes, au fond desquels mugit un torrent. Nous citerons, entr'autres, le pont Saint-Louis, d'où la vue est magnifique de grandeur et de majesté. Ce pont, comme la plupart des grands ouvrages d'art des Alpes, a été exécuté par les ordres de Napoléon ; le nom de ce grand homme, dont le génie embrassait tout à la fois, est prononcé toujours avec respect et enthousiasme dans les pays qu'il avait conquis. On y montre avec orgueil les travaux qu'il a achevés, ceux qu'il a commencés ; enfin, on y développe les plans qu'il avait conçus et que le destin ne lui a point permis de mettre à exécution. — Napoléon législateur, Napoléon gouvernant, nous semble bien plus grand que Napoléon courant à la conquête du monde et recueillant des lauriers arrosés de tant de sang et tant de larmes.

Plusieurs des petites villes qu'on rencontre à chaque instant sur la route de la Corniche sont riantes, bien bâties et pavées de dalles, genre de pavage qu'on devrait bien adopter à Paris, où l'on fait tant d'essais qui ne réussissent pas : on croit à tort que les chevaux glissent trop sur le pavé uni comme nos trottoirs ; nous n'avons pas vu plus de chevaux tomber dans les rues de Florence que dans celles de Paris ou de Lyon. Parmi les plus jolis endroits du littoral, nous citerons Menton, qui a fait aussi sa petite révolution et s'est soustraite aux impôts énormes dont la surchargeait le duc de Monaco, pour se donner à la Sardaigne ; Oneglia, où l'on construit un port ; Finale, avec sa belle église collégiale si riche en dorures et en peintures, et qui pourrait presque rivaliser avec la cathédrale de Savone, dont le dôme d'une élévation extraordinaire, la voûte couverte de peintures remarquables, les dorures éblouissantes, les sculptures, et un tableau d'Albert Dürer, appellent l'attention de l'artiste et de l'amateur.

Savona diffère complètement des autres villes qu'il faut traverser pour se rendre de Nice à Gênes, et dont les rues sont souvent si étroites que deux voitures ne peuvent s'y rencontrer. (C'est là encore un inconvénient de ce chemin, inconvénient qui ne peut disparaître qu'après bien des années.) — Savona est un joli port de mer qui, s'il n'avait pas été comblé en partie par les Génois jaloux, pourrait donner asile à des navires de haut bord : on travaille en ce moment à draguer la passe, qui bientôt sans doute sera excellente.

Il y a à Savone deux bons hôtels qui vous dédommagent de ceux qu'on trouve dans les autres villes de la route. — L'*Albergo-Realle* est surtout remarquable par sa bonne tenue et la vue dont on jouit de ses balcons..

Jusqu'à Gênes, c'est une suite de petites villes, de villages, de jardins charmans sur le flanc de collines ondoyantes, de châteaux appartenant aux riches Génois, et dont les jardins descendent en amphithéâtre près de la route. On cite la villa du marquis de Brignole-Salle à Voltri, où tout paraît prévu contre les chaleurs de l'été, et où il y a une salle de spectacle digne d'une grande ville de province. La villa Pallavicini est aussi fort belle, mais l'accès en est difficile. Disons cependant la vérité : ni ces villas, ni ces jardins tant vantés ne peuvent être comparés aux habitations mêmes ordinaires de la Touraine, de la Normandie ou du nord. Si le beau soleil du midi ne venait pas leur prêter son charme, s'il ne vivifiait pas ces cactus, ces fleurs, ces arbres odoriférans qui donnent à ces campagnes un printems perpétuel, elles nous paraîtraient des plus médiocres.

L'habitation du paysan est sans comparaison plus saine et plus propre que dans le nord de la France. Il faut convenir que nous sommes sous ce rapport en retard sur les autre nations. Nulle part ailleurs qu'en Suisse (où parce qu'il y a une république démocratique, les hommes jouissent de la liberté d'être les plus misérables de l'Europe), je n'ai vu le paysan logé dans des huttes semblables à celles qu'on trouve dans les villages de Picardie, d'Artois et de Flandre. En Allemagne, en Angleterre, dans le midi de la France, dans toute l'Italie, le paysan habite une demeure saine, construite en pierres et élevée d'un étage ; à l'abri de l'humidité, il ne contracte pas dès l'enfance ces terribles maladies du sang dont on aperçoit les traces sur une grande partie des gens du nord : au lieu de s'enfermer dans ces chambres sans air, les femmes et les enfans travaillent au dehors ; aussi ont-ils une apparence de vie et de santé qui leur manque chez nous, et retrouve-t-on en eux des types de beauté remarquable qu'on chercherait en vain dans nos climats.

Nous renvoyons cette question aux philanthropes, qui feraient mieux de s'en occuper que du sort de nègres paresseux et vicieux, qui, bien nourris et bien logés, étaient beaucoup moins à plaindre que nos pauvres ouvriers. Mais il était plus facile de ruiner les colonies et les colons en émancipant les esclaves, que d'améliorer le sort de ses compatriotes, et surtout de persuader au peuple des campagnes de changer ses habitudes. D'ailleurs, cela n'aurait pas produit si bon effet sur cet excellent public applaudissant toujours aux charlatans qui lui jettent de la poudre aux yeux !

Une plaie véritable de l'Italie est cette quantité innombrable de mendians qui assaillent partout le voyageur. Vous rencontrez à chaque pas de ces types parfaits, dignes du crayon de Callot, où la science du haillon est arrivée à son apogée.

Une barbe inculte, longue de 30 centimètres au moins, des cheveux hérissés et dont il faut craindre l'approche, un paletot grisâtre ou plutôt incolore, découpé par le bas en franges véritables, et troué de toutes parts : un reste de pantalon qui pourrait parfois alarmer la pudeur d'un municipal, puis sur tout cela, un manteau couleur tabac d'Espagne, drapé tout comme celui d'une statue d'empereur romain ! voilà le mendiant italien dans toute sa pureté... Munissez-vous donc par avance, lorsque vous voyagez par terre, d'une quantité suffisante de centimes piémontais à l'aide desquels vous pourrez vous débarrasser de leurs importunités.

L'excellent gouvernement de Toscane est parvenu à purger ses États de cette lèpre sociale, et ce n'est pas là un de ses moindres titres à la reconnaissance publique.

Mais déjà nous apercevons les innombrables villas des alentours de Gênes ; bientôt nous entrons dans le faubourg St.-Pierre d'Arera, qui nous paraît d'autant plus long, que son pavé détestable nous renvoie d'un coin à l'autre de la voiture; enfin, nous arrivons devant d'affreuses arcades toutes délabrées et qui semblent menacer de ruine les maisons qu'elles soutiennent : ce sont là pourtant les hôtels élégans de Gênes, la Croix-de-Malte, l'Hôtel-d'Italie, l'Hôtel-Royal ; dans ces agréables auberges, il faut grimper soixante ou quatre-vingts marches très-hautes, si l'on ne veut être privé de jour et avoir la vue du port qu'on vous promet fastueusement. En effet, arrivé là-haut, vous jouissez d'un panorama qui a peu de rivaux dans le monde ; le vaste port, entouré de collines et rempli de bâtimens, se déploie tout entier sous vos yeux.

GENOVA.

V.

Quoique la vue du port de Gênes soit magnifique du haut des maisons qui l'entourent, et de cette belle terrasse de marbre blanc soutenue par de nombreux portiques, qui forme une partie de son enceinte, elle est plus merveilleuse encore lorsqu'on arrive par mer. La ville s'élève en amphithéâtre avec ses palais et ses églises sans nombre ; les collines toutes vertes, parsemées d'élégantes villas, s'arrondissent autour du vaste port et lui donnent l'aspect d'une arène immense, préparée pour des jeux nautiques ; tout cet ensemble offre un coup-d'œil féerique, et l'on s'écrie malgré soi que *Genova la superba* est bien la réalité d'un songe des *Mille et une Nuits*.

Voyageurs qui tenez à vos illusions, restez sur le navire qui vous apporte, et ne venez pas voir de trop près cette ville fantastique dont l'aspect vous enchante.

Dès que vous aurez franchi la porte du port franc, vous vous trouverez dans une rue large et mal pavée, le long de laquelle règnent, il est vrai, au sud, les portiques soutenant la nouvelle galerie de marbre, mais qui, au nord, est bordée de ces hôtels dont l'extérieur offre l'aspect du plus triste délabrement. On craint vraiment d'être logé dans de pareilles masures, qui semblent devoir s'écrouler au premier ouragan, tant on met peu de soin à réparer leurs façades, et surtout les piliers qui les soutiennent. L'intérieur répond plus au besoin actuel de confort et d'élégance ; mais, nous l'avons dit, il faut aller chercher son appartement à cent marches au-dessus du niveau de la mer. Aussi conseillons-nous à ceux qui doivent rester quelques jours à Gênes de se loger de préférence plus au centre de la ville, par exemple *Piazza dell'Annunziata*.

Pour gagner ce centre de la ville, il faut traverser d'affreuses ruelles étroites, montant à pic, et impossibles aux voitures, qui font le tour par la rue *Carlo Alberto*. Alors on se trouve dans un assez beau quartier, formé nouvellement par la rue *Carlo Felicie*, la *via Nuova* et la *via delle Fontane amorose*. Ces rues ne sont ni longues ni droites, mais elles sont larges, pavées en dalles, sur un plan à peu près horizontal, chose rare à Gênes ; elles débouchent sur de belles places, telles que celles de l'*Annunziata* et du théâtre.

Je n'hésite pas à dire que les autres quartiers sont affreux et capables de donner le spleen même aux Italiens, auxquels cette maladie est à peu près inconnue. Pour avoir un peu de jour et d'air, c'est à qui fera monter sa maison plus haut que les autres, et il n'y a pas de raison pour que cela finisse. Aussi peut-on dire que les Génois habitent de grosses tours carrées, sur le sommet desquelles existe en général une terrasse d'où l'on a, comme de juste, une fort belle vue sur le port et sur la mer; la ville est en effet construite comme un parterre de théâtre, où l'on voit aussi bien des dernières banquettes que des premières. Mais les Génois doivent être doués d'une vigueur de jarret peu commune, pour se livrer continuellement à l'ascension de leurs appartemens : une tournée de visites en cette ville équivaut, sans contredit, au passage du col de Balme ou du grand Saint-Bernard.

On devrait au moins établir, dans chaque hôtel, un fauteuil mécanique qui remonte les dames du rez-de-chaussée au troisième étage qu'on habite ordinairement. Au palais Durrazzo, aujourd'hui Palais royal, il y a tout un cabinet qui remonte ainsi en un moment à l'étage supérieur. Ce cabinet est d'une grande élégance, garni de sophas et tendu en damas jaune. Il faut sans doute une machine forte et compliquée pour enlever un pareil poids avec plusieurs personnes : mais chez les particuliers, un simple fauteuil, tel que celui que j'ai vu à l'hôtel du *Cerf-d'Or* à Munich, suffirait.

Les remises, les écuries ou des magasins occupent les rez-de-chaussée des maisons et des palais : au premier étage, les cuisines et dépendances; au second, les appartemens de réception ; au troisième, l'habitation ordinaire. Comme chaque étage a six à sept mètres de hauteur, on voit qu'on demeure, en général, plus près du ciel que de la terre, comme disent les vaudevilles de M. Scribe.

Les palais, fort nombreux à Gênes, ont une grande réputation de magnificence intérieure. Les grands seigneurs auxquels ils appartiennent, permettent de les visiter, n'imitant point en cela l'égoïsme des possesseurs de galeries de tableaux à Paris, qui tiennent cachées à tous les yeux les richesses artistiques que leur fortune leur a permis de rassembler, et qui sont ainsi perdues pour l'art et les artistes.

Parmi les plus beaux palais, il faut citer le Palais ducal, où sont maintenant les bureaux de la ville et de la police, et où la salle du conseil est remarquable par ses vastes proportions, son plafond et ses ornemens sculptés; le palais Doria, qu'on aperçoit à sa gauche en entrant dans le port, et dont les jardins sont charmans; le palais Cambiaso, le palais Filippo Durazzo, où l'on admire bon nombre de tableaux de maîtres; celui du marquis de Brignole-Salle, qui représenta longtemps à Paris le gouvernement sarde avec tant d'honneur et d'éclat, et dont le goût pour la capitale de France l'y ramène encore chaque hiver : malgré la beauté des ameublemens et la riche ornementation des salles de réception, le palais du marquis de Brignole attire surtout les étrangers par sa collection de tableaux de grands maîtres, l'une des plus remarquables de Gênes, sans contredit. Ce ne sont que portraits de Van-Dyck, dont l'un représente un ancêtre du marquis et peut passer pour un des chefs-d'œuvre du peintre : toiles de Tintoret, de Guerchin, de Paul Véronèse, de Palma Vecchio, Leonardo da Vinci, Procaccini, Andrea del Sarto, et même Raphaël ! Nous ne pouvons citer tous les noms seulement des peintres dont les œuvres contribuent à faire de cette galerie l'une des plus précieuses appartenant à des particuliers.

A Gênes, c'est, du reste, seulement chez les particuliers qu'on peut aller étudier l'art italien, car je ne sache pas qu'il y ait une galerie publique, ce qui est un grand vide pour les artistes. Le marquis de Brignole, aussi bon patriote qu'ami éclairé des arts, vient de faire faire, par un artiste génois établi à Paris, un groupe remarquable représentant Christophe Colomb découvrant le nouveau monde et apportant aux sauvages la civilisation de la vieille Europe et les bienfaits du christianisme. Ce groupe est coulé en bronze, et je viens d'en voir une seconde épreuve au palais Pitti, à Florence. Je regrette de ne pas me rappeler en ce moment le nom du sculpteur dont j'ai admiré d'autres œuvres en passant à Carrare.

Le Palais royal a un bel escalier de marbre, de vastes salles richemens meublées et une collection de tableaux précieux, moins nombreuse cependant que celle du palais Brignole. Du haut de la terrasse en marbre, on a une belle vue sur la ville et le port ; l'ornementation et les tentures de la salle du trône et du lit de la reine sont splendides, mais ce qui est digne de remarque, ce sont les parquets en marqueterie. On excelle, à Nice et à Gênes, en ce genre de travail, mais on en fait peu usage dans les palais, tant à cause du haut prix que de la chaleur intense de l'été. On préfère généralement une composition de marbre en mosaïque, poli sur place, qui a le triple avantage de donner de la fraîcheur, de coûter moins cher et de ne pas fournir d'asile aux insectes incommodes des pays chauds. Grâce à ce pavé et aux lits de fer, on en est à peu près exempt dans les hôtels d'Italie en toute saison : d'ailleurs, ces hôtels sont tenus partout avec une extrême propreté, et diffèrent essentiellement en cela de ceux du centre de la France.

Pendant l'hiver, ces marbres sont couverts de tapis, ce qui n'empêche pas le froid d'atteindre les pieds ; nul part on ne gèle plus complètement que dans ces beaux pays, où l'on vient de bien loin pour éviter le froid. Nous n'entrerons pas dans de plus amples détails sur les palais de Gênes, quoiqu'il y en ait d'autres intéressans sous le point de vue artistique : par exemple le palazzo Pallavicini ; mais nous retomberions infailliblement dans des redites ennuyeuses pour le lecteur. S'il y a du luxe dans les demeures des grands seigneurs génois, il ne paraît pas qu'il y en ait autant dans leurs équipages, car nous n'en n'avons pas rencontrés de passables.

Il semble surtout que cette bourgeoisie, si riche par son commerce, n'éprouve nul besoin de luxe et de bien-être, car l'étranger ne trouve pas, à Gênes, ces nécessités actuelles de la vie qu'on peut se procurer dans les plus petites villes d'Allemagne et même d'Italie. Nous mettons en première ligne les voitures de place ou de remise qui n'existent pas à Gênes, car il est impossible de donner ce nom aux affreuses carrioles qui stationnent sur la place de l'Annunziata. C'est là, certes, une des curiosités de la ville, que ces voitures d'un autre siècle, aux formes fantastiques, attelées de chevaux apocalyptiques, et qui font sauter le malheureux obligé de s'en servir, comme un volant sur une raquette. On se demande parfois ce que deviennent ces vieilles carcasses de voitures mises au rebut à Paris et dans les pays civilisés ? qu'on aille à Gênes, et on en trouvera les échantillons les plus complets !

Ce qu'il y a de plus fâcheux, c'est qu'il est impossible d'y trouver, par contre, trace de voitures modernes et un peu confortables. On nous a assuré que la vie intérieure des Génois était aussi misérable que leurs équipages : les poètes les ont accusés d'avarice et d'amour effréné du gain ; peut-être, en leur qualité d'anciens républicains, et vu leurs opinions actuelles plus qu'avancées, dédaignent-ils les raffinemens de la civilisation, bons tout au plus pour les vils *aristos*. Quoi qu'il en soit, ils se sont attiré l'animadversion de plusieurs poètes qui, en gens ne connaissant rien au lucre et à la jouissance d'amasser, ont dirigé contre ces pauvres marchands des vers assez satiriques. Alfieri, entr'autres, a dit :

    « Tue richezze non spese, e pur corrotte
    » Fan d'ignoranza un denso velo agli uni
    » Superstizion tien gli altri, e a tutti notte. » (1)

D'autres ont accusé Gênes d'avoir « *un mare senza pesce, un paese senza alberi, degli nomini senza fede.* »

Nous savons, qu'en effet, le golfe de Gênes ne produit pas de poisson, et qu'il faut en aller chercher jusqu'à Savone ; qu'il y a beaucoup d'arbres sur les collines qui entourent Gênes, mais des arbres d'agrément ne produisant rien : quant à la mauvaise foi dont on accuse les Génois, lorsqu'on voyage, on est tenté d'en dire autant de tous les pays qu'on parcourt. Comme on n'a affaire qu'aux aubergistes, porteurs, postillons et voiturins, on est tenté de croire que la bonne foi et l'honnêteté ont décidément quitté ce monde.

En résumé, le caractère génois est, je crois, enclin à la parcimonie et à l'amour du lucre, comme le caractère lyonnais. Les magasins sont affreux, ou plutôt il n'y a que de petites boutiques où tout se vend fort cher : ne peut-on point gagner autant dans un espace de trois mètres carrés que sous de vastes galeries comme celles du Petit-Saint-Thomas ? Il ne s'agit que de s'entendre pour ne pas s'éclipser.

Les bijoux en filigranes ont peu d'attrait pour nous : nous recommanderons seulement aux dames les dentelles d'un travail particulier, d'un bel effet et fort solides : le prix n'en est pas élevé.

Gênes est en proie à la plaie des réfugiés politiques : cette race, funeste au repos des nations, qui va porter le trouble en tous lieux et se joindre, les armes à la main, aux perturbateurs des pays où elle reçoit hospitalité et secours, abonde là plus que partout ailleurs. Aussi, bien que la vraie population génoise s'occupe plus de commerce que de politique, cette malheureuse cité est-elle, à la moindre occasion, en proie au désordre et à l'agitation.

Il s'y publie plusieurs journaux démagogiques, plus détestables encore sous le rapport religieux que sous le rapport politique. On est,

---

(1) Je traduis littéralement : « Tes richesses, non dépensées et pourtant corrompues, donnent aux uns le voile épais de l'ignorance, aux autres la superstition, à tous les ténèbres de la nuit. »

pour cela, en Piémont, de soixante ans en arrière sur nous : comme les nôtres, du reste, ces interprètes de la démagogie ne brillent ni par l'esprit ni par le goût. On y lit des articles dans le genre de celui-ci, de *l'Italia e Popolo* : « Un ouragan terrible a fondu sur la Sardaigne ; il a *eu l'esprit* de ravager le couvent et les biens des Bénédictins : on dit les dommages considérables. » Puis, ce sont des adresses et des lettres au Pape, aussi insolentes que grossières et stupides.

Les procès sont vains contre cette presse échevelée : les jurys piémontais, semblables à ceux de France de 1825 à 1848, acquittent toujours les prévenus. On sait combien le sentiment de la peur et de l'intimidation est puissant en Italie !

Malgré les prédications funestes de la mauvaise presse, le peuple semble très-religieux. Les innombrables églises de Gênes sont remplies le dimanche et même les jours ouvrables d'une foule recueillie. On sait toute la magnificence de ces édifices que la piété des grandes familles génoises s'est plue à orner et à doter d'immenses richesses.

Sant'Ambrogio, San Matteo, Santo Stefano, Santa Maria-di-Carignano, près de ce pont jeté si hardiment entre deux collines et d'où la vue est si remarquable, offrent au touriste des détails d'art et d'architecture pleins d'intérêt. Mais il faut placer en première ligne la cathédrale, construite entièrement de marbre noir et blanc, en mémoire de la paix conclue entre les deux partis portant ces couleurs ; et l'Annunziata, dont la richesse et l'ornementation n'ont point d'égales, je crois, en Europe. Tout, dans cette église de style moderne, n'est qu'or, sculpture et peinture ; nulle part la pierre ne se laisse apercevoir. On voit au-dessus du grand portail une Cène, chef-d'œuvre de Procaccino. L'église renferme beaucoup d'autres toiles remarquables. La cathédrale aussi est remplie d'objets d'art, de sculptures, de mausolées historiques, de reliques enfermées dans l'or et les pierres fines. On garde dans la sacristie un grand vase d'émeraude dans lequel Jésus-Christ mangea, dit-on, l'Agneau pascal avec ses disciples.

Passant sans transition du sacré au profane, nous nous rendrons au théâtre Carlo Felice, l'un des plus remarquables de l'Italie par son architecture extérieure et sa riche ornementation intérieure.

Un colonade corinthienne en marbre blanc forme péristyle ; on pénètre dans un beau vestibule d'où partent les escaliers élégans conduisant aux divers rangs des loges et au vaste foyer orné de sculptures et d'arabesques dorées.

On jouait ce soir là *Capuletti e Montecchi*, l'un des opéras les plus ennuyeux, à mon gré, qui se donnent sur les scènes italiennes. Il est dû, cependant, à deux grands compositeurs, et surtout à ce pauvre Bellini, qui n'eut pas le tems de le terminer. Le manque d'unité s'y fait partout sentir, et, malgré la beauté de plusieurs morceaux, cela traîne et languit.

D'ailleurs, l'exécution laissait beaucoup à désirer ; l'orchestre, les chœurs et les solistes tiraient chacun de leur côté, tout en s'efforçant de faire le plus de bruit possible. C'est là ce qu'on estime avant tout maintenant, dans cette antique patrie des arts ! Un chanteur n'est jamais applaudi quand il ne crie pas de toute la force de ses poumons. Aussi ne s'en faisaient-ils pas faute. L'orchestre ne restait pas non plus en arrière, et nous avons distingué un ophicléide qui poussait des rugissemens de taureau en colère.

Les loges étaient peu garnies, et nous n'avons eu ce soir-là qu'un faible échantillon des dames de Gênes, renommées par leur beauté, leur amabilité et l'instruction sérieuse qu'elles reçoivent dans les couvens de la ville.

DE GÊNES A FLORENCE.

VI.

A peine sorti de la porte orientale à Gênes, on commence à gravir une côte assez rapide où l'on croise de minute en minute des files entières de véhicules incroyables, remplis de matelots, d'hommes du peuple, qui viennent de goûter aux environs les douceurs de la villégiature. Ces voitures, sur lesquelles l'intempérie des saisons ne laisse presque plus trace de peinture, affectent les formes les plus excentriques qu'il soit possible d'imaginer : il en est dont la vue excite indubitablement un fou rire chez l'Anglais le plus imperturbable. La maigreur des chevaux les rend dignes rivaux du fameux Rossinante, et il est aisé de s'apercevoir que la loi Grammont n'a point d'effet en ce pays, aux écorchures, aux déchirures, à l'état pitoyable auquel sont réduites ces malheureuses bêtes! Malgré leur épuisement, elles doivent traîner une lourde machine que leur bourreau décore pompeusement du nom de *carrozza*, chargée dehors, dedans, devant, derrière, partout où l'on peut s'asseoir ou s'accrocher, d'une foule joyeuse qui ne semble pas s'apercevoir des horribles cahots que la route mal entretenue lui fait éprouver.

Nous n'étions pas aussi heureux, et nous nous demandions si nous pourrions supporter quatre jours de voyage sur un pareil chemin ; mais par bonheur, une fois passé la banlieue de Gênes, il est devenu moins mauvais. La vue dont nous jouissions était de nature à nous faire prendre notre mal en patience : les collines s'arrondissaient en hémicycle sur notre gauche, parsemées de villas sans nombre dont les jardins, se reliant les uns aux autres, couvrent toute leur déclivité de myrthes, de palmiers, de cactus et d'orangers aux fruits d'or. Pendant plusieurs lieues, assez longues à parcourir, car on monte et l'on descend continuellement, c'est une suite de châteaux, de villages, de gros bourgs, qui ont parfois plus d'un kilomètre d'étendue. Tantôt le golfe de Gênes, la ville, avec ses innombrables églises et ses jardins qui lui servent de ceinture, se développent à la vue ; puis on rentre dans la montagne par un coude rapide, et le site devient sauvage comme si l'on était à vingt lieues de toute habitation. La route, taillée dans le roc sur le flanc de la montagne, passe sur des ponts suspendus à une grande hauteur au-dessus de torrens qui se précipitent en cascade des sommets supérieurs. Mais bientôt la nature reprend son aspect riant et enchanteur : de nouveau on côtoie des jardins dont les parfums arrivent jusqu'à vous ; on traverse encore des villages bien construits, où la population paraît saine et à l'aise. Ainsi l'on arrive à Nervi, à Recco, à Rapallo, situé sur un golfe découpé grâcieusement, à l'extrémité occidentale duquel s'étend Portofino, qui peut donner asile à des navires d'un assez fort tonnage.

Vient ensuite Chiavari, ville de dix mille habitans, qui n'a pas un aspect bien séduisant; enfin, lorsqu'on voyage en voiturin, on arrive pour coucher à Sestri, où une auberge nouvellement construite vous donne un excellent gîte.

La seconde journée est plus longue que la première. Dès le départ, on commence à gravir le mont Bracco, dont l'ascension, qui dure trois heures et demie, ne laisse pas que d'être pénible et même dangereuse, lorsque souffle le vent d'ouest. Il faut s'informer d'avance si l'on peut passer sûrement les deux endroits difficiles, car on courrait risque d'être arrêté plusieurs jours dans une hutte de paysan où l'on ne peut ni manger ni se coucher, heureux encore d'arriver à un abri quelconque, car ce vent souffle avec une telle violence qu'il empêche les chevaux d'avancer, renverse les voitures, et peut entraîner les hommes dans les abîmes qui bordent la route. Le jour de notre passage, Eole avait enchaîné ce terrible vent d'ouest, et avait simplement donné toute liberté à un vent du nord très-piquant et très-désagréable qui avait glacé le sommet du mont et le revers plus exposé à son action. Les paysages de ce côté de la montagne doivent être fort beaux pendant l'été : moins arides que sur le flanc opposé, ils sont embellis par des plantations de châtaigniers, de chênes, et autres arbres qui avaient perdu toutes leurs feuilles et n'offraient plus à l'œil que leurs troncs blanchâtres et leurs branches desséchées. Pour la première fois depuis Nice, nous retrouvions l'hiver dans toute sa rigueur; un froid piquant nous obligeait à clore hermétiquement les glaces de la voiture, et nous ne prenions de vue que ce que nous pouvions apercevoir à travers les vitres couvertes de vapeur. Enfin, après avoir trouvé dans la vallée une température un peu moins rude, avoir traversé Mattarana et Borghetto, — deux fort vilains endroits où l'on fera bien de ne pas s'arrêter pour coucher, — nous sommes arrivés à la jolie ville de la Spezzia, où l'hôtel de la *Croix-de-Malte*, nouvellement ouvert, nous offrait un gîte confortable et même élégant.

Le port naturel de la Spezzia, un des meilleurs de l'Europe, peut abriter une flotte des plus considérables ; aussi est-il question depuis longtems d'y transférer la marine militaire du Piémont. Mais les jalousies, les rivalités, les intérêts locaux, sont des obstacles difficiles à vaincre partout. Un phénomène des plus curieux attire l'attention du naturaliste à quelques centaines de mètres du rivage : c'est une source d'eau douce qui jaillit avec tant de force du fond de la mer qu'elle conserve encore ses qualités à la surface.

La petite ville de la Spezzia, malgré son exiguité, a un aspect riant, des rues propres pavées en dalles, et une belle promenade sur le bord de la mer.

Peu de tems après avoir quitté la Spezzia, on arrive sur les bords de la Magia, large torrent qu'il faut traverser en bac; mais c'est là le moindre inconvénient, car des deux côtés de cette rivière, la route est si mauvaise qu'aucun de nos chemins de traverse n'en peut donner l'idée. Il faut, bon gré mal gré, descendre de voiture et dételer les chevaux, qu'on remplace par des bœufs. Ces lourds animaux tirent à pas lents la voiture du bourbier, si toutefois elle peut résister à leurs efforts. A une heure environ de la Magia se trouve la frontière de l'ancien duché de Massa-Carrara, réuni à celui de Parme : là, formalités de passeports, visas, et, par conséquent, frais nouveaux à ajouter à tous ceux qu'a nécessités déjà cette feuille de route. Car lorsque vous avez fait bien et dûment viser votre passeport à la police et aux légations de Paris, vous croyez en être quitte. Pas du tout : chaque consul, chaque ministre des villes où vous vous arrêtez vingt-quatre heures s'arroge le droit d'y apposer un nouveau visa et de vous faire payer pour cela de deux à six francs, suivant son bon plaisir. En outre, il y a les visas des agens diplomatiques des pays où vous vous rendez, qui coûtent au moins autant. Pour celui qui fait un voyage d'Italie complet, le passeport, en rentrant en France, revient à cent cinquante ou cent soixante francs.

Après les passeports viennent les douanes, qui se présentent non seulement à la frontière de chaque petit Etat, mais encore à la porte de chaque ville considérable. Les douaniers de Parme sont, au reste, de bon accommodement, et vous offrent fort honnêtement de ne point vous visiter, si vous leur donnez trois francs. On s'empresse d'accéder à une demande si raisonnable. Il n'y a guère en Italie que les douaniers toscans qui remplissent strictement leur devoir ; on s'aperçoit dès la frontière que toutes les branches de l'administration fonctionnent régulièrement, et que ce pays est régi d'une manière toute différente des autres Etats italiens.

La ville de Carrara, la plus voisine de la frontière, est très-intéressante à cause des nombreux ateliers de sculpteurs qu'il faut visiter en passant. Beaucoup de grands artistes habitant des villes éloignées, comme Vienne, Rome et Paris, ont là des ateliers où l'on ébauche et même où l'on finit parfois leurs œuvres. Le choix des blocs de marbre est plus facile, et le transport moins coûteux. Nous avons vu dans ces ateliers plusieurs ouvrages remarquables, des groupes, des bas-reliefs, des statues d'un grand mérite, destinés aux principales villes du monde. Chez M. Bien-Aimé, artiste d'origine française, nous avons distingué une Vénus colossale commandée par un Anglais, deux bustes de Napoléon remarquables par l'expression et la vie, plusieurs groupes d'enfans pleins de grâce.

M. Giacomo Landlehr travaille à une chapelle sépulcrale commandée par le duc de Nassau, en mémoire de sa jeune femme morte en couche. C'est un ouvrage immense qui fait honneur à l'artiste et à ses élèves.

L'atelier de M. Tenerani, frère du grand sculpteur romain, est rempli d'œuvres remarquables ; c'est un des plus intéressans, et l'on regrette vivement de n'être point un prince de la Banque pour pouvoir acheter quelques-uns de ces marbres, aussi admirables pour le fini de l'exécution que pour la pureté de la matière.

Il est à croire que nos artistes reçoivent des blocs d'une qualité inférieure, car je n'ai jamais vu dans les marbres

Paris cette finesse de grain, cette transparence qui donnent aux statues de Carrare l'illusion de la chair et de la vie.

Les montagnes qui fournissent ce marbre ont huit kilomètres de longueur sur 780 mètres de hauteur. On expédie en moyenne, par an, cent navires chargés de mille quintaux chacun. C'est une source de grande richesse pour le duché de Massa-Carrara. Chaque jour on découvre de nouvelles carrières : on entend à chaque instant dans la montagne les explosions des mines. Les collines de la Spezzia fournissent aussi le beau marbre connu en France sous le nom de porte-or.

Les montagnes de Carrara ne sont pas seulement riches à l'intérieur ; la terre qui les recouvre est fertile, et les arbres de toute espèce prospèrent sur leurs flancs. Aussi la vue est-elle admirable, lorsqu'à l'aide de bœufs attelés devant les chevaux, on a gravi la moitié de la côte rapide qui domine la ville. Une superbe cascade tombe du haut d'un roc et forme un torrent qui descend vers Carrare. On aperçoit à ses pieds la petite ville au milieu d'un cercle immense de verdure, ses deux églises, dont l'une tout en marbre ; sa place assez vaste et la plaine qui commence. De l'autre côté du mont, on passe encore près d'une belle chute d'eau ; puis, lorsqu'on a traversé Massa et sa place plantée d'orangers, franchi la frontière toscane, on arrive enfin assez tard à Pietra-Santa, après avoir perdu plus d'heures en entraves matérielles qu'on n'en a mis à parcourir le chemin. L'hôtel de l'*Univers* est excellent, et l'on s'étonne de trouver dans de petites villes des auberges si luxueuses. Il est vrai que le luxe se paie bien, et qu'au taux actuel, le voyage d'Italie peut passer pour le plus cher qu'on puisse faire en Europe ; car les difficultés des routes ne permettant pas de voyager la nuit, ni de faire plus de six kilomètres à l'heure, il faut s'arrêter à chaque instant, et au prix excessif des moyens de locomotion, vient s'ajouter le prix excessif des hôtels.

Nous pensons que ces instructions pourront être utiles à ceux qui songent à entreprendre ce voyage ; mais nous ne leur conseillerons pas de partir au commencement de l'hiver, malgré l'usage : nous l'avons appris à nos dépens.

La route de Pietra-Santa à Pise est en fort mauvais état, et on est horriblement cahoté ; enfin, l'on trouve là un chemin de fer ! Avec quelle joie on se sent rouler sur des rails unis, après avoir subi pendant quatre jours les secousses des voitures ! Avec quel plaisir on franchit en peu d'heures les dix-sept lieues qui auraient exigé toute une longue journée en voiturin ou en poste ! Il faut avoir voyagé dans des pays arriérés pour comprendre tout ce qu'ont de bien et de bon les inventions modernes du génie humain ! Que l'Allemagne est heureuse d'être bien gouvernée, et de marcher toujours en tête du progrès matériel et moral ! A cette pauvre Italie, qui, grâce aux révolutions de la nature, n'a plus même son beau ciel et *jouit* d'un hiver au moins aussi rigoureux que le nôtre, que reste-t-il ? Quelques monumens et des souvenirs...... Voilà ce qu'on y vient chercher par habitude, au prix de tant de fatigues, de risques et de désagrémens !... Du reste, on y rencontre peu ou point de Français ; seuls, ils ont assez d'esprit pour rester chez eux, où l'on est si bien, quand les socialistes consentent à s'y faire oublier.

Nous laissons bientôt, loin derrière nous, Pise, cette ville pleine des souvenirs du Dante, cet ancien port que la mer a abandonné et qui semble aussi abandonné de la vie, malgré sa tour penchée, sa belle cathédrale, son baptistère aux portes historiques, son *camposanto* rempli de belles fresques et de sculptures admirables, ses ponts de marbre sur l'Arno et son quai gracieusement courbé que le soleil inonde de ses rayons bienfaisans. Mais, malgré le doux climat qu'on lui attribue, et l'intérêt de ses monumens, Pise est une ville pleine d'ennui et de tristesse ; gagnons donc bien vite Florence où l'on gèle, mais où l'on vit, où l'on s'amuse. Le chemin de fer suit le cours sinueux de l'Arno, qu'il traverse, plus de dix fois sur des ponts en fonte d'une construction particulière et bizarre, et, parcourant de nombreuses petites villes que nous avons connues autrefois et qui offrent peu d'intérêt, des campagnes charmantes, mais en ce moment couvertes de glaces et de neige; il nous descend enfin à Florence, près la porte de Prato, dans la promenade des *Cascine*. Ce jardin anglais, que parcourt incessamment une foule de brillans équipages, peut rivaliser, par sa grandeur et sa beauté, avec les parcs célèbres de Londres. Ses gazons ont une verdure aussi belle, mais d'un vert clair plus doux à l'œil que le vert sombre des gazons anglais. Ses grands arbres, autour desquels serpente le lierre, ont une végétation aussi luxuriante que celle du bois de La Haye; enfin, ce jardin enchanteur n'est point comme ceux du nord qu'on vante en tous lieux, toujours couvert des épais brouillards de la Hollande ou des nuages de fumée qui voilent le soleil de Londres. Au printems, et pendant l'été ou l'automne, l'astre bienfaisant, si rare en nos contrées, y verse ses feux et sa lumière prodigue sans en pénétrer les ombrages, sans en altérer la verdure. C'est alors que les *Cascine* peuvent être appelées, à bon droit, la plus belle promenade du monde ! On entre à Florence par une porte monumentale, et en apercevant ses collines couvertes de villas, ses églises sans nombre, ses dômes, ses campaniles, ses palais d'un ordre si sévère et qui bravent, par leur masse, l'effet du tems, on s'écrie avec l'Arioste :

> Sè dentro un mur sotto un medesmo nome,
> Fosser raccolti i tuoi palazzi sparsi,
> Non ti sarian da pareggiar due Rome ! (1)

---

(1) Si dans une enceinte, sous un même nom,
Tous les palais épars étaient rassemblés.
Deux Rome ne te seraient pas comparables,

FLORENCE.

VII.

Florence que l'imagination se plaît à rêver resplendissante de gaîté, de fleurs et de tous les charmes qu'une cité peut réunir lorsque trente générations l'ont embellie par les arts et célébrée dans les poêmes, Florence n'offre pas, de prime-abord au voyageur, l'aspect enchanteur qu'il avait songé. Ses maisons et ses palais, construits en quartiers de rocs énormes superposés, semblent plutôt faits pour braver la main du tems que pour charmer les regards.

Elevés aux tems des troubles incessans que la forme du gouvernement républicain semble exciter dans tous les âges, les palais des grandes familles florentines sont plutôt des forteresses que des habitations de plaisance. Jusqu'à la hauteur du 1.er étage, ils n'ont point de fenêtres extérieures : cette base surpasse, je crois, en solidité nos meilleures fortifications, et les boulets doivent être impuissans contre de semblables murs. La cour intérieure, carrée, est entourée d'arcades du style le plus beau et le plus sévère, où s'abritent des statues, des bas-reliefs, et des fresques de mérite. Les colonnes, d'ordre dorique en général, soutiennent des voûtes ogivales aux arêtes élégantes ; on y trouve parfois des pleins-cintres hardiment jetés. La pierre des colonnes est noire à peu près ou d'un gris foncé, ainsi que les nervures des voûtes, qui sont, pour la plupart, badigeonnées en blanc. Le soleil pénètre rarement dans ces cours profondes, et cependant le soleil est précieux à Florence pendant l'hiver, qui n'y est guère plus chaud qu'à Paris. Aussi, les grands seigneurs florentins ont-ils leurs appartemens d'hiver et leurs appartemens d'été. Ceux d'hiver sont d'ordinaire au second étage, dont les pièces sont moins grandes et moins hautes qu'au premier. Cependant, elles sont plus vastes encore que les salons des grands hôtels de Paris, et, soit à cause de la nature de la pierre, soit à cause de la mauvaise disposition des poêles de plâtre généralement usités, il est à peu près impossible de les chauffer, et nulle part, même au dire des Russes, on ne souffre plus du froid que dans les palais et les hôtels de Florence.

Les maisons bourgeoises seraient meilleures pendant l'hiver si l'usage des cheminées était plus répandu : mais les infortunés Florentins en sont réduits, pour ne pas geler tout vivans, à tenir sur leurs genoux un meuble appelé *scaldino*, et que nos paysannes nomment chaufferette. On passe alternativement ce scaldino sous chaque pied, puis on le ramène sur les genoux lorsque les mains sont raidies par le froid. On a aussi *un brasciere*, sorte de vase en cuivre rempli de cendre et de braises de bruyère, qu'on met au milieu de l'appartement et qui chauffe assez bien, lorsqu'on a acquis l'habitude d'en supporter l'évaporation assez malsaine.

Chez les grands seigneurs et les gens riches, le *brasciere* est relégué dans l'antichambre, et un feu de bois brille dans des poêles élégamment décorés. Mais tel ardent que soit ce feu, il parvient rarement, nous l'avons dit, à donner aux appartemens une température agréable.

Les rues de Florence sont, pour la plupart, tortueuses et peu larges, sauf la nouvelle rue dei Calzaiuoli, la via larga et la via de' Rondinelli. Lorsque la via dei Martelli, qui est fort courte, sera élargie, il y aura une suite de belles et larges rues, depuis le mur d'enceinte du côté des *cascine* jusqu'au Ponte-Vecchio, en passant par la piazza del Grand-Duca. Les embellissemens du goût moderne, se joignant aux merveilles de l'art du siècle de Léon X, feront alors de ce quartier l'un des plus beaux des capitales de l'Europe.

En partant du Ponte Vecchio, où sont les boutiques d'orfèvrerie peu élégantes par elles-mêmes, mais remplies d'ouvrages charmans, dont le bon marché est pour les dames un double attrait, et passant par le *Mercato nuovo*, — la rue aux magasins de soieries et de mode, — on arrive sur cette place du grand duc, plus riche à elle seule en objets d'art que bien des grandes villes.

On a devant soi le Palazzo Vecchio, et sa tour, plus large du haut que du bas, d'un style si particulier, la statue colossale de David, par Michel-Ange, le groupe d'Hercule et Cacus, par Baccio, qui décorent le perron. Les colonnes de la cour sont chargées d'arabesques d'un travail exquis ; au second étage se trouve une immense salle, pouvant contenir trois mille personnes ; c'est là qu'il y a dix ans, on exécuta la création d'Hayden, en l'honneur du congrès scientifique réuni à Florence. C'est là que depuis s'ouvrirent les séances des chambres réunies lors du gouvernement constitutionnel, de courte durée et de souvenir moins durable encore.

Les sons mélodieux de Hayden et les discours des représentans de la Toscane se sont également évanouis. La salle est rendue à son silence majestueux et perpétuel. Mais l'œuvre du maître allemand vivra toujours, et les discours des orateurs politiques sont plongés dans l'oubli le plus profond.

Sur la droite du Palazzo Vecchio se trouve la *Loggia de' Lanci*, galerie construite en 1375 par Andrea di Cione, et qui, au lieu de servir de demeure, comme alors, aux lansquenets du duc, abrite des chefs-d'œuvre dus au ciseau des plus grands maîtres. Il suffit de citer la Judith et Holopherne, de Donatello ; Persée avec la tête de Méduse, de Benvenuto Cellini ; l'enlèvement des Sabines et Hercule combattant le Centaure, par Jean de Bologne ; puis des statues antiques provenant de la villa Médicis.

Les galeries des offices sont dignes de figurer près de la Loggia. Construites par Vasari, elles forment un parallélogramme allongé, d'un style noble et sévère. Depuis peu, on a placé dans les niches les statues des grands hommes de la Toscane.

Sous ces galeries avait lieu, il y a peu d'années encore, la promenade des masques pendant les jours gras ; c'étaient alors une foule, une animation, une gaîté dont il ne reste plus que le souvenir. En ce tems-là, l'excellent grand-duc de Toscane pouvait impunément se promener sans suite au milieu de cette foule masquée, dont tous les cœurs lui étaient dévoués. Mais le vent révolutionnaire de 1848 a soufflé aussi sur cette heureuse contrée. Les Toscans rappelaient le grand-duc, et le grand-duc est revenu avec une armée autrichienne, sans laquelle il ne se croyait pas en sûreté. Depuis lors, la défiance, l'éloignement, ont succédé à l'amour, et la ruine à la prospérité nationale.

D'ordinaire, les galeries sont occupées par de petits marchands de bimbeloterie et des bouquinistes. Dans l'intérieur du bâtiment sont des bureaux, une précieuse bibliothèque, et au dernier étage la fameuse galerie de tableaux connue sous le nom de *galleria degli Ufficii*.

La plus grande partie des tableaux se trouve dans des salles adjacentes à un vaste corridor qui suit les lignes intérieures du parallélogramme. Ce corridor est garni dans toute son étendue de marbres antiques et des chefs-d'œuvre des maîtres des 15.e et 16.e siècles.

La Niobée et ses enfans occupent seuls un vaste salon, qui est en outre orné d'un des plus beaux tableaux de Rubens. Le petit salon qu'on appelle la Tribune est connu dans le monde entier : la Vénus de Médicis est au milieu, et les toiles les plus célèbres de Raphaël, Titien, Carlo Dolci, Andrea del Sarto, couvrent les murs. Il est tout-à-fait superflu de citer les chefs-d'œuvre si nombreux de cette magnifique collection. Tous sont gravés ; ce serait sortir de notre cadre et des bornes que nous nous sommes imposées nécessairement. Mais une collection qu'on ne trouve, je crois, nulle part ailleurs, est celle des portraits des grands peintres, presque tous peints par eux-mêmes. L'étude de cette galerie a un double intérêt sous le point de vue de l'art et sous celui de son histoire. Une chose bien particulière aussi aux galeries florentines, ce sont les tables en mosaïques anciennes et modernes qui les décorent. Des paysages, des villes, des bouquets de fleurs, des groupes de coquillages, sont exécutés en pierres précieuses, perles, malaquite, lapis-lazzuli, sur un fond de porphyre ou de marbre noir. Chacune de ces tables, si nombreuses aux offices et au palais Pitti, coûte dix, quinze et vingt ans de travail à cinq ou six artistes, et revient à des sommes folles. Il ne faut pas confondre ce travail de *pietra dura* avec les mosaïques de Rome faites de petits morceaux d'émail de diverses nuances, appliqués au moyen d'un mastic avec beaucoup d'art et de finesse, mais qui sont loin d'avoir la même valeur, quoiqu'on en trouve d'admirables comme dessin et exécution.

En sortant des offices et traversant diagonalement la place du grand-duc, presque toujours remplie de monde, tant à cause de la poste aux lettres qui s'y trouve, que du mouvement commercial considérable qui s'y fait journellement, on arrive à la nouvelle rue dei Cazaiuoli, tout aussi animée que peut l'être la rue de Richelieu ou le boulevard des

Italiens à Paris. Le dimanche, d'une heure à deux et de quatre à cinq, il y a, depuis la place du Dôme jusqu'au ponte alla Carraja, c'est-à-dire le long de l'Arno (ou, comme on dit ici, *si gode il sole*) au mercato nuovo et sur la place du Grand-duc, une foule de promeneurs à ne pouvoir circuler.

Mais, seules, les femmes du commerce et de la bourgeoisie s'y font voir ; une femme du monde, à Florence, ne va jamais à pied. A peine parfois descend-elle pour faire quelques pas aux *Cascine*, par un très-beau tems. Mais d'ordinaire elle attend au rond-point dans sa voiture, la foule des visiteurs qui viennent mettre leurs hommages à ses pieds. Comme on se parle à la portière, chacun ne peut passer qu'à son tour : cependant, c'est à qui aura plus d'empressés et de visiteurs, et en cela les femmes de Florence ressemblent aux femmes de tous les autres pays.

Les *Cascine* et le théâtre de la *Pergola* sont, du reste, les seuls endroits où l'on puisse se rencontrer ; car il n'est pas d'usage qu'une femme italienne reçoive chez elle le matin. Les relations du monde se bornent donc à un échange de cartes, et c'est là un usage très-commode, qui épargnerait beaucoup de tems dans les villes où l'on est un peu occupé. Mais à Florence, on jouit du *dolce far niente* dans toute sa plénitude : il n'y a pas de clubs pour les hommes, et ils ne savent où passer leur tems lorsqu'on ne joue pas aux théâtres, ce qui arrive dans l'Avent et à d'autres époques.

Les cafés ont perdu, depuis quatre ans, leur caractère national, et sont devenus de véritables estaminets : c'est là une grande ressource de moins pour le Florentin et pour l'étranger, car chaque soir, auparavant, le café Doney et quelques autres étaient pleins d'hommes distingués, et les femmes y venaient même en grand nombre prendre des glaces. C'était un point de réunion fort agréable : aujourd'hui, ils sont remplis d'Autrichiens, et par conséquent les Italiens n'y mettent point les pieds.

De tel côté qu'on dirige ses pas dans Florence, la promenade offre toujours un intérêt à l'artiste et à l'ami des arts. A chaque instant vous rencontrez un monument, une statue, un palais, qui, outre le mérite artistique, rappelle un souvenir de l'histoire si variée et si curieuse de la ville des Médicis.

En partant du beau pont Santa-Trinità et se dirigeant vers le Dôme, on rencontre l'église Santa-Trinità, fort riche en reliques précieuses, plusieurs palais transformés en hôtels garnis, le beau palais Strozzi, la jolie église de San-Firenze dont le portail et l'intérieur sont décorés de nombreuses statues, et laissant à gauche l'église de Santa-Maria-Novella, la plus complète de Florence, celle que Michel-Ange aimait tant qu'il l'appelait *sua sposa*, on arrive devant la cathédrale dont la masse énorme et les lignes pures frappent vivement dès le premier regard.

Ses murs sont revêtus de marbres où le blanc, le rose et le noir dominent : la coupole immense, construite en 1481 par Brunelleschi, est aussi revêtue de marbre, mais couverte en tuiles. Malheureusement, la cathédrale n'a point de façade : construite par Giotto, elle fut démolie d'après le conseil de Buontalenti, qui voulait lui en substituer une autre en style moderne. Ce barbare ne put achever son œuvre. San-Lorenzo, où se trouve la fameuse chapelle grand-ducale toute revêtue de mosaïques florentines, Santa-Croce et plusieurs autres beaux édifices sont aussi dépourvus de façades. De là le proverbe romain : *Sfaciata come una chiesa di Firenze* (1).

A l'intérieur, le dôme frappe surtout l'imagination par la sévérité de ses lignes et ses vastes proportions : il a 426 pieds de longueur sur 292 de largeur ; la coupole s'élève intérieurement à 371 pieds. Du reste, les murs sont nus, et Santa-Maria dei Fiori, la reine des églises de Florence, paraît en être la moins riche. Cependant elle possède dans son trésor des reliquaires précieux et des statues de saints en argent. On vient de voler l'une des plus belles. Sur le côté droit de ce noble édifice s'élève l'admirable campanile de Giotto, célébré par tous les poètes et que le Dante venait regarder assis sur une pierre qu'on voit encore sur la place du Dôme.

Vis-à-vis le portail, s'élève le baptistère revêtu de marbre comme le campanile et la cathédrale, et fermé par les fameuses portes de bronze de Ghiberti et d'Andrea Pisani. C'est de la porte de Ghiberti que Michel-Ange disait qu'elle devrait être la porte du Paradis.

Plusieurs rues rayonnent autour de la place du Dôme. L'une d'elles, la *Via larga*, conduit à la place et à l'église Saint-Marc, dans les cloîtres de laquelle on trouve le portrait de Savonarola. On prétend que les moines de Saint-Marc, fidèles à leur tradition, conservent encore les idées d'indépendance du fameux agitateur du moyen-âge, que beaucoup regardent comme un saint. C'est à regret qu'ils donnent asile aux Autrichiens, dont les nombreux soldats ont dû être logés dans les couvens. Les moines des autres couvens passent, au contraire, pour être conservateurs et du parti qu'on nomme ici *partito nero*.

Une autre rue conduit du Dôme à la *piazza della Santissima Annunziata*, place élégante, entourée de galeries de Brunelleschi, et ornée de la statue équestre du grand-duc Ferdinand I.er Cette place est digne de donner accès à cette belle église, dont les fresques admirables de Carlo Dolci et d'Andrea del Sarto ornent le cloître, dont le plafond est en cuivre doré et ciselé, et dont les autels sont d'argent sculpté par des maîtres. La petite chapelle attenante à l'autel de la Vierge, si riche en ex-voto, est couverte de mosaïques en pierres dures. Les autres chapelles sont ornées de tableaux de maîtres, de sculptures de marbre, de Jean de Bologne et de Donatello. En général, les chapelles des églises appartiennent aux grandes familles florentines dont elles portent le nom, et qui les ornent avec magnificence. C'est ainsi que les arts auxquels le culte catholique donne un essor si grand, et imprime un cachet si noble, ont toujours prospéré dans ce pays, où l'esprit mercantile a peu d'accès. C'est ainsi que les grandes familles, où les traditions sont respectées, emploient dignement leur fortune à encourager les artistes qui font la gloire du pays.

---

(1) *Sfaciata* veut dire également effrontée et sans façade.

Malgré l'aspect sévère et majestueux de ses édifices, malgré la gravité apparente de ses habitans, Florence est essentiellement une ville de plaisirs, de luxe et de fêtes. Nulle part la vie n'est plus agréable et plus facile pour l'étranger d'un caractère et d'une position honorables. Il est vrai que peu d'entre ceux qui viennent se fixer ici, offrent des garanties de moralité et de dignité suffisantes ; aussi la société italienne est-elle très-méfiante à leur égard.

Mais pour peu que l'on soit connu ou recommandé, on sera accueilli par les plus grands seigneurs avec une grâce, une amabilité perdues en France, il faut le dire, depuis que la noblesse est devenue une banalité à la merci du plus hardi accapareur de titres. Nous ne connaissons plus guère cette exquise politesse, cette affabilité que les Torregiani, les Pazzi, les Corsini, les Strozzi, les Albizzi, ces noms plus vieux que la civilisation italienne, gardent comme une tradition de famille. On chercherait en vain dans ces nobles familles, cette morgue de parvenus, ce dédain affecté, ces insolences déguisées, qui font actuellement de la société élégante de Paris, des réunions du plus mauvais ton que l'on puisse trouver en Europe. Aucun de ces nobles seigneurs dont les ancêtres ont été chantés par le Dante, l'Arioste et le Tasse, ne prend ces airs dédaigneux, n'affecte ces sourires protecteurs de nos petits Messieurs inscrits sur les livres du Jockey-Club ou du cercle à la mode de la rue Royale. Qu'ils prennent la poste et viennent étudier à l'étranger ce qu'était la vieille noblesse de France, qu'ils veulent singer et qu'ils parodient indignement !

Du reste, même pour l'étranger qui ne peut ou ne veut point se faire présenter dans la société florentine, la ville des fleurs offre toutes les ressources des cités les plus avancées en civilisation. Elle n'a contre elle que son climat froid et humide pendant l'hiver, et trop chaud pendant une partie de l'été : qui ne l'a vue au printems ne la connaît pas.

Dès le mois de mars, le ciel reprend sa pureté, le soleil son action bienfaisante ; le glacial hiver a disparu, et avec lui les rhumes, les fièvres, les indispositions souvent sérieuses, qu'on gagne facilement lorsqu'on n'évite pas les refroidissemens. Alors, les collines qui entourent Florence reprennent leur aspect enchanteur. On n'aperçoit plus les nombreuses villas parsemées sur leurs flancs qu'à travers la verdure ; et si l'on va à Fiesole, cette antique cité si curieuse, ou à San-Miniato, dont l'église offre tant d'intérêt, on jouit pleinement de la vue de Florence et de la vallée où elle s'étend, séparée par l'Arno et embellie par les jardins et les parcs qui l'entourent. Boboli, le jardin du grand-duc, avec ses lauriers, ses alaternes, ses myrthes, ses pentes gracieuses, ses vues admirables, s'emplit le jeudi et le dimanche de nombreux promeneurs, qui viennent chercher l'ombre sous les voûtes de verdure ou le long des charmilles qui rappellent Versailles.

Souvent on monte au Poggio-Impériale, villa du grand-duc, en dehors de la Porta-Romana, ou bien, si l'on en obtient la permission, on va parcourir les allées du vaste jardin du marquis Carlo Torregiani, qui peut rivaliser avec Boboli pour le nombre des statues, des vasques de marbre, des objets d'art qui le remplissent. Des serres de camélias, d'orangers, de plantes précieuses, sont, pour l'hiver, une promenade charmante. Sur un mamelon s'élève une haute tour dont chaque étage est ornée, à l'intérieur, de bustes, de statues, de bas-reliefs ; du haut de la terrasse supérieure, on jouit d'une vue superbe sur la ville et les environs. Le vieux marquis, dont le nom est vénéré à Florence, et qui créa ce jardin en achetant tout un quartier de la ville, y donnait des fêtes magnifiques. Chaque arbre se couvrait de lampions, chaque plante recélait un verre de couleur ; des orchestres se faisaient entendre dans plusieurs parties du jardin ; des buffets, chargés de glaces et de rafraîchissemens, entouraient la salle de bal, formée d'arbres qui semblent séculaires ; partout, il y avait à voir et à admirer.

Plusieurs fois, depuis la mort du marquis, sa famille a renouvelé ces fêtes magiques, dignes des princes les plus riches de l'Europe ; mais depuis les évènemens politiques et l'occupation étrangère, le jardin est resté désert et silencieux.

Le tems de l'Avent est une des saisons les plus tristes à Florence. Outre le climat qui s'y montre dans toute sa rigueur, la plupart des grandes familles vont passer dans leurs villas les dernières semaines de décembre. Il est d'usage de faire une neuvaine ou retraite avant Noël ; les rues, d'ordinaire remplies de somptueux équipages chargés d'armoiries, attelés de chevaux fins et conduits par des cochers en grande livrée, deviennent la propriété exclusive des fiacres et des remises, plus élégans du reste et mieux tenus sans comparaison que nos voitures de place de Paris.

Les *Cascine* elles-mêmes, cette promenade charmante où tout Florence se donne rendez-vous, à trois heures en hiver et le soir en été, deviennent désertes. L'excellente musique des régimens autrichiens, qui y donne trois fois par semaine des concerts d'harmonie, joue pour les voiturins, les cochers et autres gens qui, du reste, écoutent beaucoup plus que les grandes dames. Mais dès que les cloches des 170 églises de Florence ont annoncé solennellement la naissance du Christ, la ville se repeuple, les boutiques étalent leurs plus jolis bijoux, leurs plus belles étoffes ; les magasins de jouets d'enfans, de confiseurs, sont remplis d'acheteurs empressés, car ici, c'est à Noël qu'on se fait les cadeaux annuels en usage chez toutes les nations. C'est le jour de joie des femmes et des enfans, le jour de ruine pour les galans cavaliers, et les maris infortunés !

Aussitôt après cette grande fête de la chrétienté, célébrée avec pompe dans toutes les églises, les théâtres, fermés pendant l'Avent, s'ouvrent à la fois. Il y en a jusqu'à huit à la portée de toutes les bourses et de toutes les intelligences. Cette année, on jouait l'opéra dans deux théâtres, à l'*Alfieri* et à la *Pergola*. Ce dernier est le théâtre fashionable, l'académie de musique ou la salle Ventadour de Florence. C'est là que tout le monde a sa loge, soit en propriété, soit en location.

Presque toutes les loges du second rang, qui correspondent aux premières de nos théâtres, appartiennent à des Florentins et forment un patrimoine tout comme un champ ou une maison. Sous les noms bizarres de *S.ⁱ-Accademici Arrischiati*, *Intrepidi*, *Infuocati*, suivant les théâtres, ces propriétaires de loges forment un conseil auquel est soumis l'*impresario*. Ils ont la faculté de refuser un artiste médiocre et font souvent des sacrifices pécuniaires pour obtenir des talens hors ligne.

Lors des représentations à bénéfice d'une cantatrice en vogue, les *Sig.ri accademici* déposent des robes, des bracelets, sur le plat d'argent que l'artiste a fait placer au bureau du contrôle. Cet usage semble un peu dégradant pour l'artiste : mais, en fait d'argent, on n'a pas à l'étranger les mêmes délicatesses qu'en France.

Les loges des théâtres étant des propriétés particulières ou louées à l'année, les étrangers ne peuvent s'en procurer qu'en achetant le matin une clef que ceux qui n'ont pas le projet d'aller au théâtre font vendre par des agens à la porte ; le prix varie suivant la vogue de la pièce et des acteurs. En tems ordinaire, une loge à la *Pergola* peut coûter vingt francs, et aux autres théâtres de huit à douze francs. Mais il faut en outre payer une entrée pour chaque personne, car l'entrée est le bénéfice de l'administration. Ces entrées sont au plus bas prix possible : on paie 1 fr. 65 c. à la *Pergola*, aux autres théâtres, 1 fr. et même 60 et 35 c. Je me souviens d'avoir entendu au théâtre de *Borgo-Ognisanti*, *Robert-le-Diable* pour 35 c. Certes, l'exécution n'était pas irréprochable, mais les *Facchini*, les *Vetturini* (*), tout ce peuple si ami des arts, qui laissent sur lui un reflet de civilisation et d'affabilité, pouvait prendre une idée quelconque du chef-d'œuvre de Meyerbeer.

Cette année, les petits théâtres sont occupés par des *Stenterelli*. *Stenterello* a ici la même célébrité, la même vogue que *Pulcinella* à Rome. Il se représente toujours le même dans toutes les pièces, mais toujours amusant. C'est une sorte de Crispin auquel l'attachement qu'il porte à son maître cause tous les malheurs possibles ; car ce maître est presque toujours un scélérat de premier ordre.

Il faut, pour représenter dignement *Stenterello*, un artiste habile et spirituel : rien n'est plus rare que d'arriver dans ce rôle à une grande célébrité. Le souvenir des anciens fait tort, ici plus qu'ailleurs, aux nouveaux venus.

Les compagnies ou troupes de tous les théâtres changeant à chaque saison, il est impossible de dire que telle scène est meilleure que telle autre. Seulement on sait que la *Scala* de Milan, *San-Carlo* de Naples, l'*Apollo* de Rome, la *Fenice* de Venise sont les théâtres les meilleurs d'Italie. Je crois que pour l'orchestre, la *Scala* l'emporte sur les autres, parce que les soli d'instrumens à vent sont exécutés par des Allemands qui n'ont point de rivaux en ce genre.

L'orchestre de la *Pergola* a aussi une réputation ; mais nos orchestres de l'Opéra, des Italiens et de l'Opéra-Comique, sont cent fois meilleurs que ceux de tous ces théâtres qui pèchent tantôt par les violons, tantôt par les violoncelles, tantôt par les instrumens à vent, et qui n'atteignent jamais le fini, la perfection auxquels nous sommes maintenant accoutumés. Quant aux chœurs italiens, ils sont aussi inférieurs aux nôtres que les chœurs allemands leur sont supérieurs. On croit avoir fait un grand éloge de la facilité italienne en disant que les choristes sont des bottiers, des tailleurs et des orfèvres, qui chantent d'instinct, faux et sans mesure, les chœurs faciles de Verdi et autres mo-

---

(*) Porteurs, voiturins.

dernes compositeurs. Mais ne vaudrait-il pas mieux un peu moins de de facilité et un peu plus de science, lorsque les résultats laissent tant à désirer ?

Le plan intérieur des théâtres d'Italie diffère essentiellement du plan des théâtres de Paris. Toutes les loges sont semblables et s'élèvent jusqu'au quatrième et cinquième étage ; elles sont vastes, car il entre dans les habitudes des dames d'y recevoir des visites pendant toute la durée du spectacle. C'est ici comme à Paris ; on n'écoute que pendant le ballet. Ce ballet se donne d'ordinaire entre le second et le troisième acte de l'opéra, ce qui ôte tout intérêt à l'action et fait perdre de vue l'unité de l'œuvre musicale. C'est la plus déplorable coutume des théâtres italiens, et les étrangers ne peuvent s'y faire : cela explique un peu le laisser-aller et le peu de suite que les compositeurs en vogue apportent à leurs œuvres ; pourvu qu'il s'y trouve trois ou quatre morceaux à grand tapage, voilà tout ce qu'on leur demande. Du reste, c'est à qui fera le plus de bruit, des chanteurs, des choristes et de l'orchestre. Il semble que tout l'art, aujourd'hui, consiste à hurler à qui mieux mieux : on ne sait plus chanter et on ne sait plus juger. L'école de Verdi a perdu la musique en Italie ; heureusement, la réaction s'opère chez nous. Néanmoins, les bons professeurs ne manquent pas ; il suffit de citer MM. Campana, Ronzi, Moroni, qui apportent à leurs leçons le soin et la conscience dont beaucoup de nos professeurs se piquent fort peu à Paris. Quoique l'art du chant soit ici en décadence, on fera donc bien de venir étudier sous ces excellens maîtres, qui font exception au goût vulgaire.

Nous nous sommes appesanti sur la question théâtrale, non seulement parce qu'elle rentre dans notre spécialité, mais parce que le théâtre est une base essentielle de la vie italienne et un des principaux attraits pour l'étranger, qui continue, bon gré mal gré, à croire ce pays le plus musical du monde. Il lui faut même un long séjour pour lui enlever ses illusions à cet égard, tant elles sont profondément enracinées.

Le goût si prononcé des Florentins pour le théâtre ne fait pas négliger les autres plaisirs. Cinquante ou soixante bals ont été donnés pendant ce carnaval de 1852. Plusieurs nobles étrangers ont contribué pour une bonne part dans ce nombre. Nous citerons tout d'abord la comtesse Bobrinskoy, qui a une des maisons les plus agréables de Florence ; la comtesse Orsini, qui joint à une grande fortune un superbe talent musical, a donné aussi plusieurs fêtes ; le ministre de Naples, marquis de Riario Sforza, a offert deux bals qui ont été splendides ; enfin, beaucoup d'autres grandes maisons se sont ouvertes cet hiver.

Le ministre de France, M. de Montessuy, était en congé, et il fut remplacé provisoirement par M. Murat, le plus aimable chargé d'affaires qui se puisse voir ; mais ni son âge, ni sa position ne lui permettaient de recevoir. Il y avait, du reste, ici, très-peu de Français à fêter, et l'absence du ministre ne faisait pas trop grand vide à ses nationaux.

La saison des plaisirs a été brillamment inaugurée par le bal annuel du 1.er janvier au palais du grand-duc. Les vastes galeries du palais Pitti, de ce palais qui renferme les trésors les plus précieux de l'art, avaient peine à contenir la foule des étrangers et des Florentins qui venaient rendre leurs hommages au prince. Tous étaient accueillis par le grand-duc et sa famille, avec la bonté, l'affabilité qui les distinguent. J'ai remarqué sur la figure vénérable du prince l'empreinte de la douceur, mais aussi d'une grande mélancolie : le chagrin frappe surtout à la porte des palais.

Le coup-d'œil de la fête était magnifique ; le costume était de rigueur pour les hommes, et les femmes étincelaient de diamans, de rubis et d'émeraudes : jamais je n'ai vu un plus grand nombre de pierres précieuses et de plus riches toilettes.

Le bal de l'année dernière avait un attrait de curiosité plus grand encore : car le Grand-Duc, pour faire taire des bruits calomnieux avait fait exposer l'argenterie de Benvenuto-Cellini, la plus précieuse par la matière et le travail qui soit au monde. Le trésor grand-ducal est certes une des choses les plus intéressantes à voir à Florence, et on peut juger que, depuis le quinzième siècle, l'art de l'orfévrerie n'est pas en progrès. Rien d'admirable comme ces coupes, ces plats immenses qui représentent des sujets complets, des paysages où l'air semble passer à travers le feuillage ; ces vases étrusques couverts d'émaux dont on a si longtems perdu le secret ; ces reliquaires, où les diamans, les rubis, les émeraudes et les topazes, sont jetés à profusion. Nous citerons un crucifix dont la croix est en jaspe d'Egypte, le Christ, en Ijada, pierre blanche transparente des plus rares, et où une topaze énorme sert de verre pour renfermer l'hostie. — Ce crucifix est de 1400, et le travail en est d'une perfection inouïe.

Voilà ce que renferme le palais Pitti au rez-de-chaussée, tandis qu'au premier étage se trouve cette galerie de tableaux dont chaque toile est un Raphaël, un Carlo Dolci, un Andrea del Sarto, un Allori, un Fra Bartholoméo où il semble même qu'on n'ait admis que les chefs-d'œuvre de chaque maître !

FLORENCE ET LA ROUTE DE ROME PAR SIENNE.

VIII.

Nulle part mieux qu'à Florence, le poète, l'artiste, le flâneur ne peuvent prendre plaisir à errer au hasard par les rues d'une cité. Les larges dalles bien unies, sur lesquelles les voitures roulent sans bruit et sans secousses, invitent à la marche et exemptent de fatigue : l'esprit est libre, oublieux de son enveloppe matérielle, de suivre Dante à travers les rues de sa chère Florence, de repeupler cette cité (qui semble sortie tout-à-coup, fraîche et jeune, des mains de l'architecte du moyen-âge), des personnages qui parlent et agissent dans la *divina commedia*. Ne dirait-on pas que ces souvenirs sont d'hier, en regardant ces palais au sombre extérieur, dont les murs à bossages et refends, composés de blocs énormes superposés, semblent défier Guelfes et Gibelins ?

Les noms des partisans de ces guerres civiles ne sont-ils point là, vivant encore, noblement portés par les descendans de ces illustres races ? Voilà le palais du comte Gheradesca, qui compte Ugolin parmi ses ancêtres ; voilà celui des Albizzi, fier et triste, et portant à l'angle la platine de fer qui soutenait la lanterne, signe de noblesse.

Le nom des Pazzi, dont la puissance faisait ombrage aux Medicis, et qui luttèrent contre eux, retentit à chaque instant, comme celui des Strozzi, des Orsini, des Torregiani.

A droite du dôme, non loin des statues des architectes Arnolfo et Brunelleschi, le *sasso del Dante*, posé à l'endroit même où le poète venait s'asseoir pour admirer le campanile, œuvre de Giotto.

Ne resterait-on pas ainsi des heures entières devant cette tour merveilleuse incrustée de marbre, aux arabesques, aux cordons, aux architraves, si finement découpés ! Quelle forme gracieuse, dont l'œil ne se peut détacher ! Et quel admirable contraste de cette *sveltezza* avec la masse majestueuse du dôme qu'elle accompagne si bien !

Une grille en fer unit le campanile à l'église : c'est là que, pendant la peste de Florence, la belle Ginevra fut enterrée vivante encore, mais pas assez profondément pour ne pouvoir secouer la poussière qu'on avait jetée sur elle, et se lever du sein de la terre, lorsque la fraîcheur de la nuit eut dissipé sa léthargie.

Enveloppée de son linceul, elle courut chez son père, dans la petite rue appelée depuis *Via della Morta*; mais son père ne voulut point la recevoir. Alors elle alla frapper à la porte de celui à qui l'on venait de la marier malgré ses vœux.

Celui-là aussi la méconnut. Désespérée, elle fut se jeter dans les bras de son amant, dont le cœur ne lui faillit pas, et ils partirent ensemble pour Gênes. Le père, l'époux, qui avaient répudié Ginevra lorsqu'ils la croyaient un fantôme, la réclamèrent dès qu'ils la surent vivante. Mais le pape, touché de son malheur, cassa le mariage, et elle put appartenir à celui qui l'avait recueillie au sortir du cercueil.

Dans l'intérieur même du dôme, le souvenir de Dante est encore présent : on le voit au centre du cercle supérieur du Paradis, où l'a conduit Béatrix ; car le grand poète passe pour avoir reçu les inspirations divines.

Cette grande basilique, avec ses sombres arcs pleins-cintres, cette immense coupole qui la domine, ses murs nus et froids, semble faite pour donner asile à l'ombre grande et sévère du poète florentin.

Dans ce merveilleux baptistère, plein de statues, de peintures, de mosaïques, et fermé par ces portes dont nous avons parlé, on ne peut plus voir ces fonts d'où Dante raconte, au chant XIX de l'Enfer, qu'il retira un enfant. Mais on peut aller visiter sa maison, qui, non plus que celle de l'Arioste, n'a d'intérêt que par souvenir.

La promenade de l'artiste est encore plus intéressante peut-être que celle du poète. A chaque pas ne trouve-t-il point un monument remarquable, une église remplie des tableaux ou des sculptures des maîtres, des statues sous les portiques, en plein air ? Il laissera le flâneur faire invariablement le tour par la piazza Santa-Trinità et négliger la colonne de granit surmontée de la Justice par Tadda ; parcourir le Lung-Arno en regardant les nombreux magasins de marbres et albâtres, le Ponte-Vecchio, où les boutiques des joailliers offrent un élément à sa curiosité ; le Mercato-Nuovo, dont le sanglier de bronze fait l'ornement ; la place del Gran-Duca, la via de'Calzaiuoli, et tous ses magasins ; la place du Dôme et la via de'Rondinelli. Ce brouhaha de voitures, de femmes élégantes, de marchands piailleurs n'est pas ce qui l'attire : il négligera le quartier neuf de la Piazza-Maria-Antonietta, dévolu aux Autrichiens ; mais il ira voir la belle collection de tableaux de l'Académie, admirer les portiques du palais Riccardi, où se trouve une vaste bibliothèque.

Passant devant le Bargello, cette noire prison qui joua un si grand rôle dans l'histoire florentine, la Badia, la façade richement ornée de San-Gaetano, il ira visiter les tombes célèbres de Santa-Croce. C'est le Panthéon de Florence ; et que de noms illustres sont gravés sur ces marbres ! Tout en entrant, le monument de Michel-Ange orné de quatre statues, celui d'Alfieri, sculpté par Canova, celui de Machiavel par Spinazzi, celui du Dante par Ricci !

Toutes les grandes familles de Florence comptent ici des illustrations, et les chapelles qui portent leurs noms sont peintes ou sculptées par les premiers maîtres. Nous voyons les noms de Gaddi, de Giotto, de Ticciati qui fit le monument de Galilée, de Lucca della Robbia. Ces grands artistes ont contribué à embellir les chapelles mortuaires des Médicis, des Baroncelli, des Salviati, des Pazzi. Tous les partis, toutes les passions se trouvent ici réunis et éteints dans la mort !

Le Campo-Santo attenant à l'église offre à chaque nation un douloureux intérêt, car on y trouve des inscriptions en bien des langues. Mais il est consolant de savoir les morts qui nous sont chers rangés dans les caveaux qu'abritent des portiques et des voûtes, plutôt qu'enfouis sous la terre exposée aux intempéries des saisons et foulés aux pieds des indifférents. Chaque église est ici entourée d'un cloître où sont des tombes : mais on vient, par mesure de salubrité, de créer un cimetière hors la porte San-Gallo. Les plus beaux campi-santi que nous ayons vus en Italie sont ceux de Pise et de Bologne.

Quittons ce sujet lugubre pour nous rendre au palais Pitti. Déjà nous avons dit quelques mots des richesses qu'il renferme, mais c'est là surtout, et à la galerie des Offices, que l'amateur des arts ira et retournera sans cesse pendant son séjour à Florence.

Suffit-il d'un rapide coup-d'œil pour admirer ces Raphaël incomparables, cette madonna della Seggiola, la famiglia dell'Impanata, le portrait de Léon X, le saint Jérôme, le Christ et les Evangélistes de Fra Bartoloméo, ces nombreux Andrea del Sarto d'une suavité pénétrante ! Les parques et l'amour vénal peints avec la furie de Michel-Ange, la Judith d'Allori, les mêlées sanglantes de Salvator Rosa, ces Carlo Dolci, ces Guerchin, ces Jules Romain, ces Rubens, cette collection entière de chefs-d'œuvre, la plus belle, la plus complète, la plus étourdissante du monde ! Et dans ce même palais, le savant pourra aller encore étudier un superbe musée d'histoire naturelle et de curieuses reproductions anatomiques, puis il ira rendre hommage à la science méconnue de ce génie surprenant qui trouva le mouvement du globe. Le grand-duc a fait récemment construire une salle magnifique en l'honneur de Galilée : elle coûte quinze cents mille francs. C'est qu'aussi les murs sont couverts de marbres de Carrare ; des colonnes cannelées soutiennent une voûte peinte par les premiers talens modernes ; le pavé, en marbre précieux, est couvert de dessins et figures allégoriques.

Six grandes fresques, représentant des traits de la vie de Galilée, occupent les bas-cintres ; la statue du grand homme se trouve au milieu de la salle, et, dans des armoires vitrées, on peut voir encore les instrumens astronomiques dont il se servit. Mais nous voici près de la porta Romana, qui nous fait songer qu'il est tems de quitter la ville des fleurs, et pourtant nous n'avons parlé ni de la merveilleuse chapelle mortuaire des grands-ducs à San-Lorenzo, chapelle toute revêtue de marbres rares, de mosaïques florentines et dont la coupole est peinte par Benvenuti ; ni de la grande fresque de Raphaël, récemment découverte dans un vieux cloître et que le grand artiste Jesi grave en ce moment ; ni des églises, telles que Santo-Spirito, Santa-Maria-del-Carmine, Santa-Trinità, qui contiennent tant de précieux trésors ! Nous n'avons rien dit de ces coutumes curieuses qui vivent après des siècles, de cette société des Frères de la Miséricorde, parmi lesquels on cite les premiers noms de Florence, et qui vont, vêtus de robes noires et masqués, ramasser les blessés sur la voie publique ou enterrer les morts à la lueur des torches. Rien n'est frappant comme ces processions de figures sinistres qui annoncent toujours un malheur arrivé et sonnent la cloche au timbre voilé de leur confrérie.

Mais le tems presse, il faut quitter cette ville si pleine de caractère et de charmes, et poursuivre nos pérégrinations.

Ce n'est plus par la porta Romana ou par la porta San-Nicolo que l'on part pour Rome. Le chemin de fer a changé tout cela, et quand on va au midi on prend par le nord. Jusqu'à Empoli on suit le pays que nous avons décrit en venant de Pise, c'est-à-dire qu'on traverse l'Arno huit ou dix fois, et qu'on parcourt sa vallée tortueuse au pied des collines verdoyantes qui l'encadrent. A Empoli on change de wagon et l'on perd beaucoup au change : le rail-way n'a plus qu'une voie et traverse des plaines insignifiantes ; bientôt il passe sous un long tunnel, et quelques minutes après, la locomotive s'arrête à la gare de Sienne. En perdant bien du tems, vous avez fait en trois heures et demie ce trajet, qui exigeait neuf heures auparavant.

La journée est donc peu avancée quand nous arrivons à Sienne, cette vieille ville d'un genre allemand plutôt qu'italien, qui joua un si grand rôle dans la guerre des Guelfes et des Gibelins, et dans les querelles des républiques du moyen-âge ; qui fut si fertile en illustres personnages, parmi lesquels il faut citer d'abord sainte Catherine et saint Bernardin. Aujourd'hui ses habitans ont encore une réputation d'esprit et d'amabilité, et parlent le plus beau langage de toute l'Italie.

ROUTE DE FLORENCE A ROME.

IX.

L'imagination se crée bien des chimères, et les pays, les villes, les individus, nous apparaissent tout autres dans les rêves que dans la réalité. Tel poète, tel grand écrivain qui nous charme par son style et nous séduit par la grâce de ses idées, nous inspirera de la répulsion dès que nous aurons connu sa personne. C'est une dangereuse pensée cultivée avec ardeur par bien des jeunes gens que de chercher à connaître les hommes célèbres de leur tems. Ils commettent la même faute que cette Anglaise qui épousa, sur la foi de ses discours, un de nos fameux orateurs républicains, et fut obligée de s'en séparer ensuite.

Comme les hommes, certains pays et certaines villes revêtent à l'avance des formes et des beautés trompeuses. Si j'ai de ma vie éprouvé un désenchantement, c'est en arrivant à Sienne. Je me figurais une ville un peu sérieuse, comme Pise, mais civilisée, belle, attrayante comme les autres villes de Toscane. J'ai trouvé un amas de maisons noires, délabrées, malpropres; des rues où deux voitures ne peuvent se croiser; des auberges d'un autre âge, plus mal servies que celles des petites bourgades de la route.

La place en demi-cercle, dans laquelle on descend d'un côté par un long escalier, est, je crois, le seul endroit où l'on puisse voir à l'aise le ciel et jouir du soleil. Cette place a un caractère original et pittoresque : elle est ornée d'une belle fontaine de Jacopo della Quercia. Plusieurs palais particuliers d'une belle architecture et de nombreuses églises offrent plus d'intérêt par les peintures qui les ornent que par leur propre style. Il y a là des œuvres de Sodoma, de Matteo da Siena, de Pacchiarotto, de Beccafumi, de Fungai, de Perugino. Mais c'est vers le Dôme que le voyageur est attiré tout d'abord. C'est réellement une merveille que ce temple bysantin au portail orné des minces colonnettes, des galeries légères, des sculptures symboliques qui caractérisent ce style. Nulle part en Italie on ne trouve une basilique qui rappelle cette superbe cathédrale.

La façade date de 1339 ; les colonnes reposent sur des lions, et les figures d'animaux symbolisent les villes d'alentour qui prirent part aux guerres des Guelfes et Gibelins. L'intérieur est revêtu de marbres blancs et noirs, des arêtes se croisent sur la voûte peinte couleur d'azur, étoilée d'or. Le pavé, composé de superbes mosaïques, est en partie dégradé ; mais il en reste assez pour donner idée de sa magnificence. Des vitraux de Pastorino et de Micheli jettent dans l'église ce jour varié si favorable aux édifices gothiques, et brillent des mille reflets de la topaze, du rubis, de l'émeraude. Les stalles du chœur sont ciselées par Tonghi, qui peut rivaliser en ce genre avec les artistes flamands : on montre plusieurs beaux tableaux de Duccio, de Marata. Mais ce qui présente assurément le plus d'intérêt est *la libreria*, grande salle ogivale attenante à l'église.

Les murs sont couverts de peintures d'une conservation parfaite par Pinturicchio sur les dessins de Raphaël : l'un de ces tableaux fut même exécuté par le divin maître. C'est le dernier à droite. Les sujets ont été fournis par l'histoire du pape Pie II.

Au milieu de cette salle est le groupe antique des trois grâces : c'est une singulière place pour des statues païennes et toutes sensuelles ; mais on voit que c'est à tort qu'on les disait figurer dans la sacristie même de la cathédrale. — Ce groupe est loin de produire l'effet que les copies font préjuger. Les membres sont cassés, les corps marqués de trous profonds semblables aux ravages produits par la variole ; enfin, les détails de la beauté de ces types de la grâce se font deviner plutôt qu'ils n'existent.

Sur des pupitres autour de cette salle sont rangés de précieux missels contenant des miniatures, admirables de couleur et de dessin, dues aux pinceaux de Ansano di Pietro, de fra Benedetto da Matera et des Mattei. Comme bien on pense, nous n'avons pu en voir qu'une faible partie.

La nuit tombait, quoique plus tardive qu'en France durant l'hiver : il nous fallut regagner l'hôtel de l'Aquilanera, d'où nous devions partir le lendemain avant le jour ; car c'est une forte journée pour un voiturin que celle qui sépare Sienne de Radicofani, et si nous n'avions pas eu soin de faire avec lui un écrit bien en règle, — précaution qu'il ne faut jamais négliger, — nous aurions certes mis plus de trois jours de Sienne à Rome.

Rien de plus triste, de plus monotone que le désert inculte qu'on parcourt pendant toute cette journée. Le chemin monte et descend sans cesse au milieu de bruyères, de terres sablonneuses : d'aussi loin que la vue peut porter, on aperçoit des cimes de collines et des villages parsemés çà et là. Mais sur toute la route on ne rencontre que des maisons de poste et la petite auberge isolée de la *Scala*, où nous déjeunâmes pendant le *rinfresco* de rigueur. Bien que cette auberge n'ait pas un aspect très-rassurant, on peut y dormir en paix, sans crainte des voleurs : il en est toujours ainsi en Toscane. Mais si l'on couche à la Scala, il faut aller dormir ensuite à Bolsena, qui n'est point aussi sûr, puis dans un bouge affreux à Ronciglione, la troisième nuit. C'est ainsi que d'ordinaire les voiturins espacent leurs étapes.

Il faisait sombre et un brouillard intense s'élevait lorsque nous gravîmes la montagne de Radicofani. On est là à quelques mille pieds au-dessus du niveau de la mer : cependant l'hôtel est bon et la cuisine excellente. Mais le froid était terrible. Nous quittâmes ce séjour peu enchanteur avant le jour, et par un brouillard qui nécessita de faire marcher devant nous un homme avec un falot. Il fallait arriver avant la nuit à Viterbe, à cause des voleurs qui infestent la route. Nous descendîmes la montagne et passâmes le torrent à gué sans accident, grâce à notre guide. La police et la douane pontificales ne se montrèrent pas trop difficiles, et nous pûmes arriver de bonne heure à Bolsena. Cette bourgade, célèbre par un miracle reproduit souvent par les grands peintres, est tout-à-fait dénuée de charmes : le lac et ses rives sont tristes et sauvages. Déjà l'on s'aperçoit qu'on a affaire aux grossières populations des Etats-Pontificaux, et l'on regrette ce peuple si doux, si policé de la Toscane. Nous avons laissé sur le côté les célèbres coteaux de Montepulciano, où l'on récolte ce vin dont le poète Redi a écrit : «Montepulcian che d'ogni vino è il rè ! (1)» puis traversé Acquapendente d'où l'on jouit du plus beau paysage de toute la route. Acquapendente occupe le sommet d'une montagne, et il est défendu par des fortifications. Le chemin continue à être montagneux : souvent on attelle six chevaux à notre voiture ; nous voyons se dresser de chaque côté des rocs blanchâtres percés de cavernes profondes qui pourraient donner asile aux brigands comme les bois qui sont plus loin : à chaque instant nous rencontrons des gens de mauvaise mine porteurs de fusils : cependant nous arriverons à Viterbe sans le moindre événement fâcheux. Nous laissons à gauche la curieuse ville d'Orvieto et Montefiascone, où l'on peut lire sur la tombe d'un prélat allemand, enterré dans l'église, cette bizarre inscription : « Est, est, est, et propter nimium est mortuus est. » Le bon prélat avait chargé son courrier d'écrire le verbe *est* partout où le vin serait bon. A Montefiascone, le courrier l'écrivit trois fois, et le prélat y fit si grand honneur qu'il en mourut.

Viterbe est une grande ville qui possède plusieurs églises anciennes et curieuses ; les rues sont bien alignées et beaucoup de fontaines les arrosent. L'hôtel de l'*Aquila-Nera* est fort bon. J'éprouvai une vive sensation en trouvant dans cette ville, où nous arrivions après avoir traversé tant de pays incultes et déserts, un détachement de soldats français. On eût dit qu'ils apportaient avec eux la civilisation à ces contrées arriérées ou déchues de leur antique splendeur ! En effet, ne venaient-ils pas défendre la papauté contre les entreprises coupables des révolutionnaires italiens, qui, au nom de la liberté, ont fait perdre à leur malheureux pays les conquêtes libérales qu'il avait acquises pacifiquement, et lui ont rendu plus lourd le joug de l'invasion étrangère !... Les soldats français paraissaient contens de cette garnison, où ils étaient fort tranquilles et pouvaient boire à bon marché le vin blanc d'Orviéto.

De Viterbe à Rome, le pays est affreux, et plus on approche de la grande capitale du monde chrétien, plus il devient inhabité et inculte. L'affreuse ville de Ronciglione n'est point faite pour égayer la route : bientôt on n'aperçoit plus que des pâturages et quelques chaumières isolées. C'est qu'on est déjà sous l'empire de la *malaria*. On arrive à

---

(1) Montepulsiano qui est le roi de tous les vins.

Ponte-Molle, sans que rien fasse préjuger des approches d'une grande ville.

Voilà donc ces campagnes de Rome si vantées ! qui se composent de monticules couverts d'herbages, il est vrai, mais où l'on chercherait vainement trace d'un arbre, d'un arbuste ou d'une maison quelconque. Quelques personnes veulent y trouver une tristesse majestueuse, les souvenirs d'une antique prospérité : nous ne pouvons y voir que l'abandon d'une population paresseuse et dégradée, les douleurs de l'épidémie qu'on retrouvera de même en Sologne. Et la Sologne n'a jamais passé pour la plus belle contrée de l'Europe.

Pendant que la route de Rome à Florence par Sienne est si triste, si monotone, celle qui passe par Pérugia est la plus ravissante que l'on puisse imaginer. C'est une course de quatre-vingts lieues dans un jardin anglais aux immenses proportions, avec des villes comme Arrezzo, Perugia, Spolette, Foligno pour fabriques, des lacs comme celui de Trasimène pour pièces d'eau, une rivière qui se précipite tout entière d'une montagne, comme le Velino à Terni pour cascade.

Déjà à quelques lieues de Florence, lorsqu'on est arrivé sur le flanc de la montagne, on domine la vallée charmante où s'étend, sur les rives capricieuses de l'Arno, la ville des fleurs. On peut dire un dernier adieu à son dôme majestueux qui dépasse de la tête tous les autres édifices, et au campanile de Giotto à la forme svelte et pure. Jusqu'à Arezzo, c'est une suite de petites villes riantes et bien bâties, dont les faubourgs se touchent presque les uns les autres ; puis des champs d'une admirable végétation où les moissons mûrissent sous les oliviers plantés en quinconces.

Arrezzo est une ville importante, pleine d'air et de soleil, dont les rues montent en pente rapide sur le flanc d'une colline. A côté d'auberges où l'on trouve tout le confort apprécié de notre siècle, s'élèvent des églises intéressantes par leur antiquité et par le beau style ogival de leur architecture. Le dôme date de 1276 ; il est élevé au-dessus du sol sur une sorte de plate-forme dont les marches sont continues tout à l'entour.

Les sculptures, les tableaux, les mosaïques, abondent dans cette église, où l'on remarque surtout les seize reliefs qui nous disent la vie de Guido Tarlati, évêque gibelin, excommunié par le pape. Sant'Agostino et Santa-Maria-della-Pieve offrent encore des curiosités dignes d'une longue attention. La façade de cette dernière église est surtout remarquable.

D'Arezzo à Camuccia, c'est une plaine ondulée et fertile ; puis on passe la montagne de la Spelonca, pour arriver sur les bords du lac de Pérouse ou de Trasimène, aussi riant, aussi pittoresque que le lac de Bolsena est triste et d'aspect maussade. Des collines l'entourent, des barques nombreuses sillonnent sa surface, et son nom rappelle de grands faits historiques.

Nous ne cessons de monter et descendre jusqu'à Perugia, qui occupe la cime d'une montagne élevée, et où l'on ne peut parvenir que par une rampe tracée sur les flancs du mont et soutenue par des murs énormes.

C'est, du reste, une charmante ville, pleine de caractère et de curieux monumens. Située dans un pays d'une fertilité merveilleuse, elle est fort commerçante et l'aisance paraît assez générale dans sa population. Que serait-ce si la plus grande partie des terres n'étaient pas des biens de main-morte, mal louées par les communautés et mal cultivées? Déjà nous subissons tous les ennuis du papier-monnaie introduit par les révolutionnaires et plus déprécié encore ici qu'à Rome, où l'argent coûte quatre et cinq pour cent.

La principale rue de la ville est large, droite, bien dallée et bordée de hautes maisons et d'édifices d'un fort beau style byzantin. Il Cambio (la Bourse) est un vrai bijou : la salle du rez-de-chaussée a des voûtes et des murs couverts de fresques du Pérugin. Car Perugia est la patrie de Pietro Vanucci, le maître immortel du divin Raphaël.

Plusieurs églises, entr'autres, Sant'Agostino, possèdent des toiles de celui qu'on appelle simplement Perugino, comme le citoyen par excellence de Perugia. — Nous voudrions parler en détail de ces œuvres, de la belle cathédrale, du musée ; mais comment faire pour essayer de décrire en si peu de lignes cette route admirable qui exigerait un volume entier?

Les points de vue, les paysages se succèdent à chaque heure, toujours d'une beauté sans égale, d'une variété infinie! Voici Assisa, sur le sommet d'un monticule, sa cathédrale, et près de la route, l'église de la Madonna-degli-Angeli, sous la coupole de laquelle est conservée la modeste demeure de Saint-François; voici encore Foligno, puis Spolette, bâtie en amphithéâtre sur une montagne d'où l'on a une vue sans égale pour l'étendue et l'aspect enchanteur.

C'est à Foligno que se bifurquent les routes de Perugia, l'une des plus sûres de ces contrées, et celles d'Ancône et de Pesaro, qui sont au contraire infestées de brigands. Dès qu'on pénètre dans les montagnes au-delà de Foligno, on court grand risque d'être attaqué. Les honnêtes voiturins ne consentent pas facilement à suivre cet itinéraire ; il en est d'autres qui ne sont pas fâchés d'attirer les voyageurs de ce côté, dans l'espoir de partager le butin avec messieurs les voleurs. Il faut avoir l'insouciance du danger et le violent désir de voir qui anime les jeunes voyageurs pour se diriger vers Lorette, Ancône et le littoral de l'Adriatique. La diligence n'offre pas plus de sécurité dans ces parages que les voitures particulières.

Trois jours avant notre passage à Foligno, un jeune Français arrivait par cette route. Le tems était couvert, et les gorges des Apennins plus noires encore que d'habitude. Un frisson involontaire agitait les voyageurs, lorsque tout-à-coup retentit le classique coup de sifflet ; à peine les dames ont-elles eu le tems de jeter un cri et de s'évanouir que des hommes masqués entourent la voiture. Les voyageurs reçoivent fort brutalement l'ordre de descendre, et le jeune Français se sent serrer le gosier par une main herculéenne; chacun s'empresse, sur la sommation péremptoire du chef de la bande, dont le canon de fusil brillait dans les ténèbres, de remettre entre ses mains, argent, bijoux, objets précieux, tandis que les autres brigands déchargeaient à la hâte les sacs contenant 3,000 scudi du gouvernement pontifical. Le jeune Français n'avait point perdu son sang-froid et avait jeté adroitement, dans un fossé, sa bourse remplie d'or.

Dès que les voleurs eurent fait main basse sur les groups d'argent et rempli leurs poches du butin pris sur les voyageurs, ils gagnèrent la montagne, et la voiture put continuer sa route après toutefois que les sels ou l'eau froide eurent fait reprendre leurs sens aux dames évanouies, envers lesquelles heureusement les voleurs n'avaient pas eu le loisir de manifester leur galanterie.

Dès son arrivée à Foligno, le touriste français, moins timide ou plus confiant dans la police romaine que les Italiens, fit sa déclaration. Un dragon du Pape partit au galop vers le lieu de l'attaque et rapporta la bourse à laquelle pas une pièce d'or ne manquait. Ce fait, bien ordinaire en France, était presque inouï dans les États-Romains et fit le sujet d'un bel article dans le *Giornale di Roma*.

Le passage des Apennins, après Spolette, n'offre pas les mêmes inconvéniens, et cependant on peut y admirer la nature dans tout ce qu'elle a de sauvage et d'agreste. Rien n'est beau comme la situation de Terni et comme l'hémicycle de montagnes qui sert d'encadrement à la cascade. Le Velino se précipite tout entier d'une hauteur de mille pieds. Arrêté deux fois dans sa chute par des rochers, il écume et remplit l'atmosphère environnante d'une vapeur épaisse, sur laquelle les rayons solaires tracent un arc aux vives couleurs.

C'est un des spectacles naturels les plus magnifiques qu'on puisse voir en Europe, et qui fait paraître plus triste encore la vallée du Tibre, où l'on descend à Civita-Castellana.

DE ROME A NAPLES.

X.

Nous avons dû consacrer à Rome un travail spécial plus développé que ces esquisses ne le comportent. Nous ne pouvions traiter si légèrement la capitale du monde antique devenue depuis la capitale du monde chrétien. Quoique laissant complétement de côté l'histoire qu'on lit partout, il nous fallait bien décrire (autant qu'il était en nous de le faire) St.-Pierre de Rome aux proportions gigantesques, sa coupole qui touche aux nues, sa basilique souterraine, le Vatican qu'élevèrent Michel-Ange et Raphaël et où demeure aujourd'hui le Pape, au milieu de plusieurs milliers de chefs-d'œuvre de la statuaire antique.

Ne devions-nous point essayer de montrer les pompes du culte catholique dans toute leur splendeur et leur majesté? les cérémonies curieuses de la nomination des cardinaux et de la remise de leurs insignes? les richesses des quatre cents églises de Rome et surtout celles de Ste.-Marie-Majeure, de St.-Jean-de-Latran, de San-Paolo-Fuori-le-Mura? les statues et les tableaux composant le musée du Capitole, les merveilleuses galeries Borghèse, Doria, Corsini, Colonna, Sciarra? les palais de ces grands seigneurs et leur noble existence, si différente de celle qu'on mène aujourd'hui en France?

Après avoir jeté un coup-d'œil sur l'ensemble de cette ville, qui nous causa une si triste désillusion par ses rues étroites, mal tenues, son pavé boueux, ses maisons aux fenêtres desquelles on fait sécher la lessive, nous avons parlé des mœurs grossières de sa population abrutie, de l'ennui mortel qui pèse sur elle comme un manteau de plomb, de la dégénérescence des arts et particulièrement de la musique profane et sacrée, de l'absence de commerce, de l'inertie du gouvernement pour tout ce qui touche au progrès matériel comme au progrès moral.

Nous avons donné quelques détails sur la vie intime du St.-Père, sur la bonté de son cœur et la beauté de son âme : sur la position de l'armée française d'occupation, si différente de celle des Autrichiens dans le reste de l'Italie.

Il fallait encore parler des fêtes du carnaval, si caractéristiques en ce pays, des bals des grands seigneurs, des fêtes de l'ambassade française, des jours gras où les voitures marchent serrées sur deux rangs dans le *Corso* qui n'est point comme on peut le croire une belle promenade plantée d'arbres (c'est chose inconnue à Rome), mais une rue longue, droite, étroite comme la rue de Richelieu et privée des beaux magasins qui parent cette artère commerciale de Paris.

Nous n'avions garde d'oublier le jeu des *confetti*, petits fruits roulés dans le plâtre, qu'on se lance par poignées durant dix jours, les mocoletti qu'on cherche à éteindre et à rallumer au milieu d'un vacarme effroyable de cris et de rires, les belles Trastévérines, à la taille si riche, aux regards si fiers, parcourant en calèche découverte le Corso, où leur splendide beauté, relevée par un charmant costume, attire tous les regards. — Mais ces joies, ces apparitions charmantes, naissent et meurent en une semaine, puis tout rentre dans ce calme qui tient plus de la mort que du sommeil d'un peuple.

Ces détails ont rempli de nombreuses pages, longues, et peut-être fort ennuyeuses à lire. On nous saura donc gré aujourd'hui, en arrivant par la route de Ponte-Molle et entrant à Rome par cette belle place du Peuple à laquelle viennent aboutir *la Via del Babuino*, *le Corso et la Via Ripetta*, les trois grandes artères de Rome, de continuer immédiatement notre route en longeant le *Corso*, passant devant la *Piazza Colonna* et l'antique colonne Antonine, les palais Sciarra, Doria, Torlonia, la place et le palais de Venise, puis le Forum et ses ruines, le temple de Vesta, les arcs de Titus et de Septime-Sévère, la masse imposante du Colysée, par les immenses fenêtres duquel passent les rayons d'un ardent soleil, enfin St.-Jean de Latran, la riche basilique, le baptistère de Constantin, la Scala-Santa que monte à genoux la foule des pèlerins, enfin Ste.-Croix de Jérusalem et ses vénérables reliques.

Nous sommes arrivés à la porte San Giovanni, où nous prenons la route de Naples.

Rome antique vit encore autour de nous par ses débris et ses ruines. Mais ces ruines sont presque toutes des restes de tombes ; rien d'éternel que la mort. Ici la pyramide de Cestius, au loin se dessine le tombeau de Cecilia-Metella, comme la base d'un bastion détruit par la guerre.

Cette campagne, aussi nue, aussi déserte, aussi inculte, que celle qui s'étend au nord et à l'ouest, est parsemée de débris informes, tout semblables le soir à des fantômes, gardiens vigilans de ces steppes. Des bœufs blancs et noirs, aux formes parfaites, aux jambes fines, aux cornes immenses, paissent, entre les briques et les pierres d'un autre âge, une herbe touffue et verdoyante. La malaria ne s'attaque point aux animaux qui paraissent jouir dans ces prés fertiles d'une santé florissante.

Une longue ligne d'arcades s'élève à l'horizon et semble unir, sauf quelques coupures, les montagnes à la ville. C'est un reste des travaux romains dépassés aujourd'hui par ceux que nécessitent nos chemins de fer. Plusieurs de ces acqueducs gigantesques ont été réparés par les Papes, et servent à conduire en abondance aux fontaines de Rome l'eau salubre des montagnes.

L'aspect du pays ne varie guère jusqu'au pied des monts qu'on aperçoit depuis longtems devant soi et à sa droite. On commence à les gravir; on passe devant l'avenue de la villa Torlonia, plus magnifique encore que celle de la via Pia, enfin on arrive à Albano, petite ville d'un médiocre aspect.

Cependant, l'été y attire tous les étrangers obligés de rester à Rome en cette saison, et qui fuient l'air dangereux de la ville et de la plaine pour venir respirer ici ou à Frascati l'air pur de la montagne.

Du reste, si la ville n'est ni belle ni riante, les environs sont délicieux, et les excursions dans les montagnes voisines ont un tel attrait, que plusieurs étrangers se résolvent à coucher plusieurs nuits sous la tente, pour en jouir plus complètement. Les femmes ne portent plus ce joli costume au corsage de soie rouge, aux manches blanches, à l'étroit tablier rayé de brillantes couleurs. On le garde seulement pour en faire exhibition au carnaval de Rome ou pendant les fêtes d'octobre, mais il coûte trop cher pour qu'on en fasse un usage habituel.

Nous laissons de côté le beau lac aux rives pittoresques; nous ne pouvons l'apercevoir, non plus que celui de Némi. Cependant d'Albano à Gensano les vues sont charmantes : nous descendons par des courbes gracieuses dans des vallons bien plantés et fertiles, puis nous remontons sur le sommet d'une autre colline. Bientôt nous passons au pied d'un ouvrage colossal qui étonne l'œil et surprend l'imagination, sur une route qui n'offre aucun travail d'art remarquable, ni une bonne entente des pentes admises aujourd'hui.

C'est un immense viaduc à trois arcades superposées qui doit joindre sous peu deux collines dont la déclivité est rapide et dangereuse.

Ce viaduc est construit dans le plus beau style avec des masses énormes de granit bleu : sa solidité doit défier la main du tems mieux encore que les ouvrages des vieux Romains. Singulier pays, où tout est négligé, où l'on repousse toute invention moderne, où l'on ne songe ni à l'amélioration des ports et des rivières, ni à la salubrité des villes et des campagnes par des plantations et des dessèchemens, mais où on élève tout-à-coup, pour faciliter l'accès d'une bourgade, un ouvrage admirable tel que nos ingénieurs de chemins de fer en ont seuls tenté de nos jours! Aucun des voyageurs arrêtés devant ces hautes arcades ne voulait croire qu'une simple route dût passer sur les voûtes qu'on achève en ce moment.

Après Gensano, on traverse Velletri, où se récolte le vin qu'on boit d'ordinaire à Rome, et qui n'est pas trop mauvais. C'est une ville assez importante où il y a une garnison française; puis vient Cisterna avec ses maisons blanches, ses rues larges, sa vaste place : elle possède un bon hôtel où les voiturins s'arrêtent pour coucher, bien qu'ils n'aient pas fait une forte journée depuis Rome. Mais nous sommes aux confins des marais Pontins, et on ne trouve plus de gîtes quelconques jusqu'à Terracine, éloignée de quatre postes et demie, c'est-à-dire de 13 lieues de France. Beaucoup de personnes préfèrent s'arrêter un demi-jour à Albano pour visiter Castel-Grandolfo, la villa du Pape, le lac et les belles vallées d'alentour.

Nous avions pris la poste à Rome, où l'on a la faculté de tout payer d'avance, sauf les nombreuses *buone-mani* ou pour-boire aux postillons, aux palefreniers, à tous ces gens désœuvrés et paresseux qui vivent du voyageur en Italie. Les prétentions des voiturins sont devenues si exorbitantes, qu'on a autant de bénéfice à se servir de la poste, qui est parfaitement montée en ce pays. Les chevaux sont excellens, les postillons fort prudens, mais marchant bien néanmoins ; car, sauf dans les montagnes, nous fîmes nos trois lieues à l'heure.

La chaussée qui traverse les marais Pontins est excellente et tracée sur une ligne parfaitement droite. Ces marais nous parurent moins tristes que la campagne de Rome : l'eau n'apparaît qu'à de rares intervalles, et s'écoule dans un canal qui suit la route et qu'on croit être celui où s'embarqua Horace pour Brindisi. Ce fut Pie VI qui le rétablit.

Une partie des marais est cultivée en jardins légumiers, et une autre plus considérable forme des prés où paissent de nombreux troupeaux de buffles. Nous jugeâmes parfaitement de l'état des marais Pontins en grimpant, dès notre arrivée à Terracine, aux ruines du château de Théodoric qui couvrent la cime d'une montagne, et d'où la vue embrasse la totalité de cette vallée humide et malsaine contenue entre les Apennins et la mer. Les ruines sont par elles-mêmes d'un médiocre intérêt, quoiqu'une galerie soit assez bien conservée ; ce devait être une position stratégique importante et un fort presque imprenable. Le panorama de la ville, du port, du golfe et des montagnes environnantes est admirable.

Terracine, depuis Fra-Diavolo, avait un renom qui n'était rien moins que rassurant pour les voyageurs ; mais aujourd'hui on peut y dormir fort tranquille dans un excellent hôtel qui chaque jour est rempli de monde. Peu après cette ville, on arrive devant une porte solidement fermée, et avant qu'elle vous soit ouverte, il faut passer par l'examen sévère d'un agent de police napolitain. La seule qualité de représentant était un titre d'exclusion en 1852. M. L***, notre compagnon de voyage, l'un des conservateurs les plus connus (car il fut ministre), l'apprit à ses dépens. Il avait fallu des négociations diplomatiques pour lui faire ouvrir cette maudite porte, lorsque pour la seconde fois il s'y présenta avec nous. Enfin, nous passâmes, et la douane fut de meilleur accommodement que la police : elle se contenta de 2 piastres pour ne point nous visiter.

Le pays qu'on parcourt est magnifique : c'est une suite de vallées ombreuses, de rochers abruptes, de montagnes boisées, de torrens impétueux qui mugissent au bas de la route. Voici Fondi qui servait de retraite aux brigands il y a peu d'années ; Itri, où nous avons cru reconnaître le site sauvage choisi par Horace Vernet pour son attaque de voleurs ; puis Mola di Gaëte, petit port dans une admirable situation, qui n'est lui-même qu'une rue étroite d'une interminable longueur. Le château ou fort est devenu historique par la retraite de Pie IX, qui lui demanda longtems asile. C'est la plus belle partie de la route qui devient plus monotone à mesure qu'on s'approche de Capoue.

Cependant la fertilité de la terre est ici prodigieuse : on la retourne avec un morceau de bois crochu en forme de soc de charrue et les moissons croissent abondantes et superbes sous des plantations d'oliviers.

NAPLES.

XI.

Le chemin de fer qui relie Capoue à Naples en a fait un faubourg de la capitale des Deux-Siciles. Nous n'eûmes pas la liberté de nous servir de cette nouvelle voie de communication : il nous fallut continuer notre voyage par la route ordinaire, qui est, à partir de là, d'une énorme largeur, mais si mal entretenue, que nous subissions d'affreux cahots. Des tourbillons de poussière nous aveuglaient, quoiqu'il eût plu abondamment les jours précédens ; le pays n'offrait rien d'intéressant ni de pittoresque : ces neuf lieues nous parurent donc bien longues. Au retour, nous prîmes le chemin de fer, qui traverse au contraire une plaine riche et verdoyante, bornée de hautes montagnes, et passe à Caserta, devant l'immense château en quadrilatère, résidence favorite du roi de Naples. L'architecture en est lourde plutôt que majestueuse, mais les jardins sont magnifiques. Quant à Capoue, il faut qu'elle ait bien changé depuis le tems d'Annibal, car je n'éprouverais aucun délice à y demeurer même vingt-quatre heures. La Capoue moderne n'occupe pas le même emplacement que l'ancienne ville, où l'on montre encore les ruines d'un amphithéâtre en style étrusque. C'est pourtant de ce pays que Virgile écrivait avec l'exagération naturelle aux poètes de toutes les époques :

> Hic ver assiduum atque alienis mensibus æstas,
> Bis gravidæ pecudes, bis pomis utilis arbos.

Pline nous ramène à la réalité ; il parle de vignes fleurissant deux fois, mais par exception, et les appelle insensées : « Quas ob id insanas vocant. »

Nous pouvons attester que le mois de mars et le commencement d'avril se ressentent à Naples du voisinage de l'hiver presqu'autant qu'à Paris. Le fameux marronnier du 20 mars aux Tuileries serait remarqué dans ces climats méridionaux tout autant que sous nos ciels rigoureux. A peine à la fin d'avril voyait-on poindre la verdure sur les arbres de Castellamare et sur les bois des collines de Gaëte. Nous trouvâmes la végétation plus avancée en rentrant en Toscane.

Mais la verdure des blés, des seigles, des orges, est d'une teinte admirable en cette saison ; on dirait de magnifiques plaines de velours d'un vert doré auquel chaque souffle de vent donne un nouveau reflet

C'est à travers ces plaines fertiles, coupées de nombreuses habitations qui respirent l'aisance et le bien-être, qu'on arrive aux portes de Naples. Le passeport est examiné, puis visé pour la cinquième fois depuis la frontière, toujours moyennant finance ; on est enfin admis à pénétrer dans la capitale napolitaine, où, en payant un nouveau droit considérable, et en gardant un silence absolu en matière politique, on sera libre de séjourner tranquillement.

Aussitôt qu'on est entré dans la ville, il est facile de se convaincre qu'on y trouvera la vie, l'animation, l'activité commerciale, qui manquent si complètement à Rome. Les rues que nous parcourons sont larges, bien bâties, pavées en dalles unies, plus régulières que celles de Florence. Des ateliers de tout genre retentissent de bruit, de mouvement ; les voitures se croisent nombreuses et rapides ; la plupart ont un cachet pittoresque : nous remarquons surtout de petits phaëtons à quatre roues attelés de chevaux exigus, mais vifs et rapides, dont les harnais surchargés de plaques de cuivre resplendissent au soleil. — Ces phaëtons remplacent avec avantage les anciens *corricoli* tant de fois décrits et peints, et qui ont pour ainsi dire disparu avec les vrais Lazzaroni, les prêcheurs et les narrateurs en plein vent. Naples n'est plus cette ville unique pour l'originalité, la verve, la gaîté de ses habitans, l'adresse de ses filous, les chants de ses nautonniers. Ses rues ont perdu cette animation fébrile, cette vie en public qui étaient pour l'étranger un attrait si vif et si piquant : mais c'est toujours une capitale heureuse et florissante, où l'existence s'écoule douce et facile, surtout pour l'étranger, qui trouve dans ses agens diplomatiques un secours certain contre les caprices d'une police inquiète et les brutalités d'un gouvernement despotique au suprême degré.

De la porta Capuana jusqu'aux quais de Santa-Lucia et de Chiaja, où se trouvent les hôtels les plus beaux et en plus grand nombre, les rues ont une forte déclivité. Nous débouchons vers le milieu de la fameuse Strada di Toledo qui, en ligne droite, descend vers la mer, s'arrêtant toutefois au largo del Palazzo. Le largo ici correspond à la piazza ailleurs, et signifie *place* en bon français. — La rue de Tolède ne mérite pas, selon nous, sa grande réputation. Elle est assez étroite ; ses magasins ne sont guère plus brillans que ceux de Rome ; seulement, elle est beaucoup plus agréable à parcourir que le Corso, à cause du dallage et de l'éclairage au gaz pendant la soirée.

Ce ne sont pas, du reste, les belles promenades qui manquent à Naples, en exceptant même les environs. N'a-t-on pas cette magnifique ligne de quais, sans pareille dans le monde, qui, en deux courbes gracieuses, depuis la grotte de Pausilippe jusqu'au Castel dell'Uovo, depuis le Castel jusqu'à la Porta della Maddelena ceignent la mer d'une ceinture de palais, de beaux hôtels et de maisons blanches qui brillent au soleil du sud, et la villa Reale où se croisent mille beaux équipages ?

N'a-t-on pas cette grande place ovale de San-Francesco di Paolo, formée à l'ouest par la colonne corinthienne en demi-cercle, et la splendide façade de l'église, à l'est par la façade du palais royal ? le largo del Castello, animé par de nombreux théâtres, et sur le chemin duquel on rencontre la fameuse scène de San-Carlo qui a retenti des plus nobles accords et des plus beaux accens de l'art lyrique ? puis la jetée de granit qui sépare le port militaire du port commercial, ce vaste port lui-même entouré d'une grille en fer richement travaillée et d'une étendue énorme?

Là sont rangés, dans un ordre parfait, les navires aux mille pavillons, contenant les richesses du monde, et qui trouvent, pour le déchargement des marchandises plus de facilité, plus d'espace que dans la maritime Angleterre elle-même. — Le golfe aux eaux tranquilles, protégé des tempêtes par de hautes montagnes circulaires, permet l'arrivage presque par tous les tems, et rend faciles les travaux considérables que le gouvernement n'a pas craint d'entreprendre pour rendre le port de Naples un des meilleurs du monde. Mais nous anticipons ; à peine arrivés à l'hôtel de Russie, sur le quai Santa-Lucia, ne jetons point un regard trop rapide sur cette ville, dont on a dit, peut-être avec emphase, mais du moins avec un grand amour patriotique : « Veder Napolie morire! »

C'est de la mer que cette charmante ville se présente dans toute sa beauté et offre un panorama que Constantinople égale seule. Ceux qui sont arrivés par la voie de terre peuvent se donner ce spectacle admirable, en se faisant conduire en barque à deux ou trois portées de canon au large, ou mieux encore en profitant des bateaux à vapeur qui, plusieurs fois la semaine, se rendent à Capri et à Ischia. C'est alors qu'on voit se développer, dans toute leur grâce, ces deux courbes du rivage dominé par les collines sur le flanc desquelles la ville s'élève en amphithéâtre.

Au bas, la ligne des quais resserrés à gauche par des collines escarpées, que couronnent des couvens, des villas, dont les jardins exposés au soleil et remplis de plantes toujours vertes, d'orangers, de myrtes, de lauriers, s'étendent sur la pente rapide. Au milieu, s'élève le dôme de San-Francesco, les vastes bâtimens composant le palais royal et le théâtre San-Carlo. Entre les mâts des navires du commerce semblables à une forêt au mois de janvier, et ceux de la marine royale surmontés du pavillon bourbonien, se dresse le castello dell'Uovo avec ses remparts, ses ponts-levis défendus par des batteries d'artillerie.

Dans ce groupe de bâtimens se trouve l'arsenal abondamment approvisionné, et le bagne où se confondent les crimes politiques et les crimes contre les personnes. Les forçats paraissent nombreux dans ce hideux pénitencier que la noble politique de l'élu de la France tend à faire maintenant disparaître de notre pays. Au reste, ce bagne, jusqu'à la porte duquel on me laissa aisément pénétrer, me parut moins affreux que le bagne de Rochefort qu'il y a plusieurs années je visitai en détail.

Les forçats napolitains, qu'à tout instant on rencontre traînant par les rues des charrettes à bras et portant des pièces de charpentes, m'ont semblé avoir aussi des physionomies moins repoussantes que certaines têtes affreuses de Rochefort. Il y a, je crois, en Italie, beaucoup moins de ces natures horribles pour lesquelles le crime est un plaisir et même un besoin, qu'en tout autre pays; l'assassinat n'y est point un métier exercé par toute une caste d'individus. Le laboureur ne se fera pas grand scrupule de prendre son escopette pour aller attaquer une voiture richement chargée, mais il ne tuera pas, à moins d'y être forcé pour sa défense.

Quant aux coups de couteau qui se donnent parfois dans les rues de Rome et de Naples, ils ont presque toujours pour cause la jalousie ou la vendetta. En Toscane, un assassinat était chose si rare, qu'avant la Révolution, le grand-duc avait pu, sans danger pour la société, supprimer la peine de mort, seule peine qui effraie en France ces hommes nombreux n'ayant d'autre état que celui de voleur, et qui ont de plus la bosse du meurtre suivant le système de Gall.

J'ai vu parmi les forçats napolitains peu de ces têtes aplaties, de ces fronts fuyans, qui rapprochent la physionomie de l'homme de celle de la bête féroce. Leurs regards n'avaient pas non plus cette expression d'implacable cruauté dont j'ai vu empreints ceux de plusieurs criminels fameux.

La rencontre de ces casaques rouges, le cliquetis de ces chaînes, n'en fait pas moins éprouver une sensation pénible : c'est une grande tache dans une capitale civilisée ; il serait bon de la faire disparaître.

Au delà du Castello et du port militaire, en suivant du regard la courbe vers la droite, les maisons ne semblent ni moins belles ni moins hautes que de l'autre côté. Cependant, c'est le quartier des marchés, des cabarets de matelots, des garnis de troisième ordre.

La ville s'étend par là jusque sur le faîte des collines, avec les dômes de ses églises, ses tours, ses clochers, ses établissemens industriels : c'est la vieille ville aux rues étroites, tortueuses, montantes et descendantes, mais toujours bien dallées et bien tenues.

Le quai de Mergellina présente sans cesse un spectacle animé ; les marchands d'oranges, de légumes, de poissons, crient à tue-tête leurs denrées ; les marins achètent et boivent : les cabriolets, coupés, et le peu de *corricoli* restant encore, se croisent à toute vitesse au milieu de la foule. C'était là, et au Largo del Mercato qu'il fallait venir étudier le lazzarone du tems où il gardait encore ses mœurs pittoresques, mais toutes les nations seront bientôt identiques de physionnomie et d'habitudes.

On croirait de ce côté, que Naples s'étend indéfiniment, même au-delà du Vésuve qui jette sa fumée par intervalle. Mais c'est Portici, Torre dell'annunziata et Castellamare qui forment cette ligne blanche interminable.

Tandis que Rome intéresse par ses détails, c'est-à-dire par ses monumens, ses musées, ses antiquités, ses cérémonies religieuses, Naples au contraire plaît tout d'abord par son ensemble, par la belle nature qui l'environne, par ses vues magnifiques, par la mer bleue dans laquelle elle se mire.

Ses monumens ne peuvent arrêter longtems le regard du voyageur ; tout est bien dans cette ville, et rien n'est vraiment beau, si ce n'est peut-être l'église San-Francesco et sa colonnade. Aussi, l'étranger qui a peu de jours à donner à Naples, en prend-il encore une grande partie pour courir les alentours : Baia, Pouzzoles, Castellamare et Sorrente, dont le nom seul fait rêver une contrée de délices, le Vésuve, Portici, Pompeïa, et même l'antique Pœstum, si éloignée qu'il faut trois jours pour s'y rendre et revenir, attirent surtout le regard du voyageur. Il serait mal néanmoins de négliger Naples ; ce serait lâcher la proie pour l'ombre, et quelques-uns des sites fameux tant vantés près des touristes, n'ont souvent que leurs vieux noms historiques pour toute valeur. Ils ressemblent en cela aux rejetons de quelques illustres familles de France.

Plusieurs églises, quoique peu monumentales, sont richement décorées et contiennent de précieux objets d'art.

Le palais du roi, le musée, offrent un grand intérêt ; le musée surtout, qui, outre les tableaux des maîtres et les statues antiques, a cinq ou six salles remplies des vases, ustensiles, instrumens, peintures et mosaïques trouvées à Pompéia.

Les églises les plus curieuses sont au centre de la ville ; c'est à travers un dédale de petites ruelles montueuses que nous arrivons à la cathédrale sous l'invocation de St.-Janvier (San-Gennaro), le saint le plus vénéré de Naples. Sa construction date de 1299, les colonnes proviennent du temple de Neptune et Apollon.

Des marbres précieux sont encastrés dans les murs ; des tombeaux de rois et de grands personnages sont rangés sur les bas-côtés de la nef et dans les chapelles. Nous remarquons ceux d'Innocent IV et de Charles d'Anjou. Dans le transept se trouvent deux demi-colonnes de granit Égyptien, et deux colonnes candélabres en jaspe rouge d'Orient. Plusieurs devants d'autels sont en mosaïques florentines, et on montre dans la sacristie, un crucifix en or du VII.e siècle, ainsi que le candélabre d'argent du temple de Jérusalem. Des bas-reliefs finement travaillés ornent les murs des chapelles. Mais c'est dans la Capella di Tesoro, ou chapelle de St.-Janvier, que sont entassées les plus grandes richesses. Les murs sont couverts de marbres précieux ; Domenichino, Spagnoletto, Lanfranco, ont représenté, avec leurs pinceaux admirables, les miracles et les principaux actes de la vie de St.-Janvier. La coupole est de Lanfranc. C'était à Guido Reni et à d'Arpino que ce travail avait été confié. Mais les jalousies, les rivalités entre les artistes étaient, en ce tems, bien plus violentes qu'aujourd'hui. Le poignard se dégainait souvent à la suite de querelles furieuses : Guido et d'Arpino s'enfuirent sous des menaces de mort, et laissèrent leur travail commencé.

Le buste du saint, en argent, est un présent de Charles d'Anjou; le bel ex-voto fut offert par la ville après la peste de 1526. Le sang de St.-Janvier est conservé dans une fiole transparente : coagulé d'ordinaire, il se liquéfie deux fois l'an : du premier au huit mai, et dans les commencemens de septembre.

Une neuvaine, fort suivie, précède les époques de ce miracle ; c'est avec une impatience où le peuple apporte toute la fougue de son ardente imagination qu'est attendu le moment solennel.

Rien n'est curieux comme la physionomie de la foule entassée dans la cathédrale. Si le miracle tarde un peu à se faire, les Napolitains se croient menacés des plus grands malheurs par la colère de St.-Janvier. Ils crient, ils se désolent dans l'église, tout comme sur la place publique; ils vont même parfois jusqu'à interpeller l'archevêque, en lui disant que ses péchés ont mécontenté le saint patron de Naples. Mais l'archevêque rétorque l'argument et leur prouve que ce sont bien plutôt leurs vols, leurs débauches, leurs méfaits de tout genre qui ont irrité St.-Janvier.

D'ailleurs, l'invocation de l'archevêque est suivie bientôt du miracle attendu, qui n'a jamais manqué. On me raconta que le roi Murat, ayant douté de l'authenticité du fait, et supposant quelque supercherie, fit déposer la fiole dans le palais, avec une garde sûre qui empêchait tout le monde d'en approcher. Le miracle n'en eut pas moins lieu cette fois à l'époque et à l'heure voulues. Les neuvaines de St.-Janvier et les fêtes de la Madonna di Piédimonte, sont célébrées avec la plus grande pompe. Le roi, les troupes et les corps de l'Etat y prennent part et rendent ces solennités fort imposantes.

L'église San-Gennaro servit de temple aux Sarrazins pendant l'invasion : ils y laissèrent quelques traces de leur goût élégant. Depuis, on a dressé dans cette église, une statue colossale à Charles Martel, dont la terrible masse d'arme délivra l'Europe de ces idolâtres.

Chacune des églises de Naples, bien que peu intéressante sous le rapport de l'art architectural, offre néanmoins des monumens et des tableaux de valeur. Nous citerons à San-Giovanni le tombeau avec la statue équestre du roi Ladislas, et celui de Caracciolo, ce favori de Jeanne II, qui fut assassiné par la duchesse Covella ; à San-Lorenzo-Maggiore, des statues et des bas-reliefs de Giovanni da Nola, et le tombeau du roi Charles, assassiné par Louis de Hongrie en 1347 : beaucoup de bons tableaux ornent cette église ; à San-Girolomini, des toiles de Guido Reni, de Palma Vecchio, Tintoretto, Domenichino ; à San-Severino, dont la voûte est peinte avec encadremens dorés et dont les murs sont couverts de marbres, un baptême de Pérugin et d'autres tableaux de maîtres.

Dans une chapelle appartenant aux princes San-Severo, et qui est sous l'invocation de Santa-Maria-della-Pietà, on nous montra des statues de l'école de Bernini, étonnantes sous le rapport de la difficulté vaincue. Le corps de Jésus-Christ, modelé sous le suaire transparent ; le *vice convaincu* s'agitant sous un filet qui l'enveloppe tout entier, et dont il essaie en vain de rompre les mailles ; la statue de la princesse San-Severo, sous les traits de la modestie et le visage couvert d'un voile transparent, a beaucoup de charme et de grâce. Au reste, de nos jours, on a imité ce genre en porcelaine, et l'on voit à l'étalage de beaucoup de marchands de Paris, des statuettes enveloppées de gaze et de dentelles qui laissent apercevoir toutes leurs formes.

Nous n'entraînerons pas le lecteur à notre suite dans les innombrables églises de Naples : toutes rentrent dans le même style, et les tableaux, les statues qu'on y voit, sont dus à des artistes peu connus en France, bien que plusieurs ne manquent pas de mérite. Nous nous trouvâmes dans l'une de ces églises au milieu d'une assemblée de vieilles femmes, plus semblables à des sorcières qu'à de bonnes chrétiennes. Elles récitaient à voix haute des prières, avec une volubilité incroyable, et du ton le plus discordant. Je n'ai jamais vu un assemblage de mégères pareilles, à l'organe plus dur et plus désagréable. Je me hâtai de prendre la fuite, me dirigeant vers le palais royal pour lequel j'avais un billet d'entrée. L'architecture extérieure est lourde, bien que d'un aspect assez grandiose : Fontana dirigea sa construction en 1600. La façade s'étend en vis-à-vis de l'église San-Francesco et occupe un des côtés de la vaste place : puis le palais fait retour sur la large rue qui joint le Largo del Castello au Largo del Palazzo. De ce côté, le théâtre San-Carlo, bâti dans le même style, semble en faire partie; et en effet, le roi arrive à sa loge par les couloirs intérieurs du palais. Vient ensuite un petit jardin devant la grille duquel s'élèvent deux superbes groupes en bronze avec une inscription en l'honneur de l'empereur de Russie.

La façade du palais, opposée à ce côté, longe la mer dont elle est séparée par les cours de l'arsenal et du magasin d'armes; mais elle est masquée par d'autres constructions, et l'on ne peut en juger que de flanc, sur la levée conduisant au quai Sta.-Lucia.

La cour intérieure est entourée d'arcades, remplies de soldats : on dirait qu'un régiment entier monte chaque jour la garde au palais, et certes, les précautions défensives ne sont pas négligées. Les troupes ont bon air et bonne tenue : l'uniforme est blanc pour les régimens d'élite composés en grande partie de Suisses; on a adopté le bonnet à poil qui sied bien dans les masses.

La musique est délicieuse et rien n'est épargné pour donner aux musiciens de l'élan et de l'émulation. Les chefs arrivent au grade d'adjudant-major, et sont assurés d'une bonne pension après trente ans de service; la paie est aussi plus élevée qu'en France pour les musiciens comme pour le chef.

Quoique le roi n'habitât point son palais en ce tems-là, il fallut parler à cinq ou six factionnaires et adjudans avant d'arriver au gardien qui devait nous conduire. Depuis l'assassinat de la reine d'Espagne, le roi de Naples était frappé d'une terreur véritable, il ne sortait presque plus de son château de Caserta, dont l'entrée était interdite, même pour les jardins, à tout étranger ou indigène ne faisant point partie de la cour.

Enfin, comme notre carte était bien en règle et notre personne nullement suspecte, on nous laissa pénétrer dans l'intérieur du palais qui, par la richesse de son ornementation, la grandeur de ses salles et galeries, est digne du roi d'une grande nation. On sait du reste que la branche des Bourbons de Naples est fort riche, et qu'il n'y a pas de contrôle pour les finances dans le royaume des Deux-Siciles; ce qui ne veut pas dire qu'il y ait beaucoup plus de dilapidation qu'ailleurs. Nous parcourûmes pendant deux heures une série d'appartemens de tout genre et de toute destination : partout les ameublemens étaient magnifiques et de bons tableaux pendaient aux murs. Les appartemens du roi, de la reine, de l'empereur de Russie, se distinguent par leur richesse. Les voûtes sont peintes et dorées, les meubles et les tentures en soieries de Lyon, les tables en marbre précieux, en malaquite et en mosaïque de Florence. Les tableaux sont dus aux pinceaux les plus célèbres.

Une madonne avec l'enfant Jésus et plusieurs saints de Raphaël, admirable composition qui était autrefois dans un couvent de Pérouse; les *Trois Vertus théologales*, d'A. Carrache, d'après Raphaël; un *Christ* et un *Orphée* de Caravaggio; les *Quatre Saisons*, toiles charmantes du

Guide, Rebecca d'Albane, des portraits de Holbein, de Titien, voilà les chefs-d'œuvre dignes d'occuper les regards des rois qui hantent ces salons et ces chambres!

La partie du palais destinée aux fêtes et aux réceptions, a été reconstruite depuis 15 ans, à la suite d'un violent incendie qui détruisit une portion des bâtimens. Il n'y a guère, de ce côté, d'objets d'art remarquables; ce sont des lustres à profusion, en cristal et en bronze doré, des glaces immenses, de moëlleux tapis, des vases de Sèvres, présens de la France, des pendules venant aussi de ce pays, qui ne peut être égalé pour le goût et l'élégance.

Quand le roi donne une fête, quatre salons sont réservés aux buffets, plusieurs autres au jeu, d'autres encore à la conversation; on danse dans une vaste salle carrée de vingt-cinq pieds de hauteur pour le moins, où les femmes, les lumières se reflètent à l'infini dans les glaces qui couvrent les murs. Les cheminées de cette partie du palais sont aussi belles par les marbres que par les sculptures qui les décorent.

On nous fit descendre ensuite au rez-de-chaussée, dans une salle d'armes qui est une sorte de musée d'artillerie. Beaucoup de fusils, de pistolets modernes sont rangés en faisceaux élégans, mais il y a aussi de fort belles armes turques et arabes. Des armures de chevaliers du moyen-âge sont disposées sur des chevaux de bois tout bardés de fer, damasquiné et doré. Nous n'avons vu d'autre armure historique que celle de François I.er.

Les remises qui contiennent les voitures de ville et de gala, sont dans le voisinage : elles s'étendent sur un grand espace; on nous y montra le carrosse dont se sert le roi, lors de la fête de la Madonna di Piédimonte, le 8 septembre. Les panneaux sont recouverts en cuivre doré avec bas-reliefs en argent ciselé; une galerie d'argent règne autour de l'impériale; le train est doré et le siège fort riche; l'intérieur en velours blanc brodé de soie se laisse apercevoir par des glaces à biseau. Huit chevaux caparaçonnés en maroquin rouge brodé d'or traînent cette voiture qui est suivie par trois autres aux panneaux de cuivre doré.

Nous vîmes aussi la voiture du roi Murat couverte d'écaille et d'émaux, celle qui servit à Pie IX durant son exil, et la litière dorée et finement peinte dans laquelle le roi va visiter les tombeaux le jeudi et le vendredi-saint; car il n'est permis à qui que ce soit à Naples, de monter à cheval ou en voiture, durant ces jours de pénitence et de deuil.

Le musée Bourbon est certes l'un des plus curieux d'Europe sous le rapport de l'art antique et de l'histoire. Fort riche en statues, en groupes, en sarcophages trouvés dans les fouilles, et dont plusieurs appartiennent au plus beau tems de l'art grec. Il contient, en outre, dans les salles du haut, des trésors bien précieux, puisqu'ils ont découvert aux historiens de nos jours les secrets de l'antiquité, dont la vie intime et les habitudes avaient échappé aux esprits sérieux des autres tems.

L'historien moderne, remontant aux véritables sources, et cherchant avant tout la vérité, a fait ressortir les faits de la phraséologie brillante sous laquelle Tite-Live et autres écrivains les avaient enfouis.

Tacite, qui seul osa braver la tyrannie des Césars, avait soulevé le voile qui cachait la vérité et indiquait les voies à suivre pour la trouver. Les nouveaux documens sont encore venus en aide aux esprits chercheurs de notre époque. Les découvertes de Pompéïa, les textes primitifs des écrivains, rétablis tels qu'ils étaient avant les falsifications que le moyen-âge leur avait fait subir, nous permirent de connaître enfin ces grandes existences romaines, cette civilisation raffinée que l'on avait à peine devinée.

Alors on s'étonna de voir l'humanité des tems antiques parcourir les mêmes phases que nous parcourons de nos jours : les mêmes institutions se succéder et disparaître, les mêmes passions s'agiter, les mêmes vices dominer l'ordre social.

On s'étonna surtout de voir, qu'après tant de siecles de recherches vers le progrès matériel, vers les connaissances de l'esprit humain, nous n'étions guère plus avancés qu'au tems où la barbarie envahit le vieux monde et substitua l'aveugle force physique et le règne de l'ignorance au règne de la puissance intellectuelle.

On ne peut attribuer la lenteur du progrès qu'aux absurdes préjugés des siècles qui nous précédèrent et qui assimilèrent la science à l'arbre défendu du paradis terrestre. Les immenses découvertes des grands esprits du moyen-âge moururent avec eux ou furent léguées à quelques initiés qui se gardèrent de les dévoiler : c'étaient des secrets mortels.

La vapeur comme force motrice échappa cependant aux investigations des anciens, quoiqu'elle fût employée comme calorique, nous le verrons tout-à-l'heure au musée, dans la salle de Pompéïa ; mais elle fut connue au moyen-âge, car un bateau à vapeur navigua au XIe siècle dans les parages de Barcelone.

Nous n'avions qu'une matinée à consacrer à ce précieux musée, qui demanderait des mois entiers d'études et d'examen. Heureusement, une recommandation particulière pour le savant directeur-général, le commandeur d'Aloë, nous mit à même de voir vite et bien ; car M. d'Aloë, avec cette grâce et cette affabilité qui le distinguent, voulut bien nous faire montrer et détailler chacun des objets les plus importans trouvés à Pompéïa et à Herculanum, et entrer lui-même dans de savantes explications. Le cabinet des gemmes et camées, pour lequel il faut une permission particulière, nous fut ouvert ; c'est ce cabinet qui renferme les bijoux d'or et d'argent trouvés dans les fouilles, parfois au bras du petit nombre de squelettes qu'on y a découverts : la grande onyx représentant l'apothéose de Ptolémée Ier qu'entoure une multitude de personnages et de divinités égyptiennes ; quatorze vases d'argent ciselé, de la vaisselle d'or et d'argent, le pain trouvé à Pompéïa sur lequel se lit encore le nom du boulanger, l'huile, le vin, des fruits conservés dans le vinaigre ou dans l'huile, contenus dans des flacons de verre, restés intacts dans ce grand cataclysme qui anéantit les deux villes sorties de leur tombeau après tant de siècles. Le milieu du pavé de ce cabinet est occupé par la célèbre mosaïque avec l'inscription *cave canem* trouvée à Pompéïa dans la maison du poète dramatique, l'une des plus élégantes par ses peintures à fresque. Cette mosaïque est plus remarquable par la netteté de l'inscription que par le dessin et le fini du travail. Les riches bracelets dont l'un fut trouvé au bras de la femme de Diomède surprise dans sa villa de la rue des Tombeaux par l'avalanche de cendres qui ensevelit Pompéïa, me parurent beaucoup trop grands pour les bras des dames françaises d'aujourd'hui. De même les armures de bronze ciselé et gravé qui se trouvent dans d'autres salles, et qui sont à peu près semblables aux armures de nos chevaliers, seraient beaucoup trop grandes pour les hommes d'aujourd'hui : il en est de même, au reste, pour les armures du musée d'artillerie à Paris. Charlemagne avait sept pieds, et n'était pas le seul de son tems qui atteignît cette taille, inconnue de nos jours. Quand donc la race humaine s'est-elle rapetissée et affaiblie de la sorte?

Les Transtévérines pourraient encore donner une idée de la beauté et de la force des races primitives ; cependant elles ne sont guère plus grandes que les Anglaises, mais leur taille riche, aux puissans contours, a la grâce et la désinvolture qui manquent aux filles d'Albion.

La plus grande partie des ustensiles, vases, instrumens de musique, de chirurgie, d'astronomie, chimie et autres sciences est contenue dans cinq ou six salles qui se font suite. Le commandeur d'Aloë et autres antiquaires travaillent incessamment à classer et mettre en ordre ces objets, les uns dans les armoires vitrées qui entourent les salles, d'autres sur des tables, des consoles, des vitrines qui en occupent le centre.

On n'attend pas de nous, sans doute, la moindre analyse du gros volume compacte de M. le directeur des musées: si on veut avoir l'énumération abrégée des antiquités sans nombre qui se trouvent ici, on peut consulter l'excellent *Guide du Voyageur*, publié chez M. Maison, à Paris.

Disons seulement que la section des verres antiques en contient 1,200, dont les formes se rapprochent beaucoup des nôtres, car le commerce a puisé grand nombre de ses modèles dans les types de Pompéïa et d'Herculanum : la section des terres cuites en contient 5,000.

On compte 70,000 monnaies antiques, 15,000 petits bronzes, tels que statuettes, dieux lares, lampes, trépieds; 3,000 vases, grecs pour la plupart. Les connaisseurs ne peuvent se tromper sur l'origine des vases, mais pour le vulgaire la différence la plus frappante est dans la couleur de la terre. Les vases étrusques ont des figures noires sur fond jaune, les vases grecs des figures jaunes sur fond noir. Le plus beau vase se trouve dans la huitième chambre : il représente la prise de Troie, la fuite d'Enée, le viol de Cassandre, et divers épisodes de cette guerre chantée par Homère et Virgile.

Les documens fournis par ces dessins aux lignes sèches, mais fort nettes, sont très-précieux pour l'histoire et la religion des anciens.

L'un des vases représente la guerre de Dionysus et des bacchantes contre les géans ; un autre, un combat entre les Grecs et les Troyens ; un troisième, Thésée et les Centaures ; un quatrième, la guerre des Centaures et des Lapithes. Puis nous voyons la pompe funèbre d'un héros, le combat sur le corps de Patrocle, la guerre des Amazones, diverses cérémonies de culte ou d'enterrement, la chasse du sanglier de Calydon, et une multitude de faits et personnages mythologiques.

Parmi les bronzes, ce sont les ustensiles vulgaires qui intéressent davantage : le bronze était le métal le plus employé des anciens, qui travaillèrent peu le fer ou le cuivre pur. Dans les moindres objets, l'art a imprimé son cachet et relevé les choses du plus bas usage. Ce sont des fleurs, des figures, des animaux, ciselés artistement, des formes qui récréent l'œil par leur élégance : cependant nous avons vu plusieurs modèles un peu grêles et anguleux. — On retrouve là une foule d'objets qui nous sont encore d'usage habituel : des fourchettes, cuillères, casseroles, chaudières, poêles à frire, porte-pincettes, lampes identiques aux lampes italiennes, si jolies et si incommodes ; des candélabres à plusieurs branches, des poids et des voitures qui ressemblent aux nôtres.

Un fourneau portatif bien complet eût pu donner l'idée des cuisinières lilloises. Le feu est au centre : trois plats, qui semblent avoir composé l'ordinaire des anciens, peuvent cuire à l'entour, sans parler du rôti qui se trouvait sans doute suspendu au-dessus du foyer, sur ces broches qu'on voit plus loin : un cylindre à l'eau chaude forme le rectangle, et le robinet se trouve au-dessous. Parmi les instrumens de chirurgie, beaucoup ressemblent à ceux d'aujourd'hui, entr'autres le forceps trouvé dans la maison du chirurgien à Pompéia.

Pour nous rendre de ces salles scientifiques à la galerie de peinture, nous traversons la bibliothèque, immense pièce de plus de 40 pieds de haut, qui contient 150,000 volumes et 4,760 manuscrits. On nous fit entendre là un écho merveilleux qui répète plusieurs fois les paroles dites à demi-voix. — Le musée de peinture occupe plusieurs vastes salons : nous y retrouvons des chefs-d'œuvre des plus grands artistes de l'Italie au tems de sa gloire. La Danaé, Paul III, Philippe II d'Espagne, par Titien ; une Assomption de Pinturricchio ; le couronnement de Marie et le mariage de sainte Catherine, par le Corrège ; la madonna della Gatta de Jules Romain, des vues de Canaletti et de notre compatriote Claude Lorrain ; une madone, une Sainte-Famille, le portrait de Léon X et plusieurs autres de Raphaël ; enfin, plus de deux cents toiles rangées dans la galerie des *capi-d'opera*. Outre celle-ci, la galerie du prince de Salerne contient encore des Guido Reni, des Guercino, des Carracci, des Sassoferrato, des Claude Lorrain. Puis d'autres salles sont réservées à la peinture moderne napolitaine et étrangère, d'autres encore à des tableaux indigènes représentant les faits importans de l'histoire du pays, et qui ne sont guère curieux que sous ce point de vue. On peut y voir toute la révolution de Masaniello, les massacres qui furent suivis de supplices affreux et de la peste qui décima la population plus encore que la guerre civile.

Le rez-de-chaussée du musée est occupé par les sculptures : on comprendra quelle quantité de statues, de groupes, de sarcophages, sont rangés dans cet immense espace ! Nous n'essaierons pas d'en donner l'idée. Des mosaïques couvrent le pavé de plusieurs salles et rotondes : on passe alors sur un pont de bois pour les voir dans leur ensemble. Nous parcourons successivement la galerie des antiquités égyptiennes et étrusques : le salon de Vénus, celui de Tibère, celui d'Atalante, celui de Jupiter, celui d'Apollon, celui des Muses, celui d'Adonis, celui de Flore, les trois portiques dans l'un desquels se trouvent les belles statues équestres de Balbus et de ses fils, la vaste galerie des bronzes... —

Le groupe fameux du taureau Farnèse ne me fit pas une profonde impression. Ces gros troncs d'arbres qui soutiennent chaque partie du groupe alourdissent l'ensemble ; plusieurs parties endommagées ont été refaites de nos jours.

On sait que ce groupe, taillé dans un seul bloc de marbre par les Rhodiens Apollonius et Tauriscus, 200 ans avant l'ère chrétienne, fut trouvé dans les bains de Caracalla ; de même que l'Hercule Farnèse, qui nous sembla d'une *maestria* plus complète et d'un effet plus saisissant.

Mais pour nous, ces antiques ne peuvent être comparés à l'Apollon du Belvédère, à l'Antinoüs, au Méléagre, du musée du Vatican.

Enfin, nous voilà sortis de cette série de salles où le lecteur se sera peut-être plus fatigué que nous : cependant nous lui avons épargné tous ces détails étourdissans des ciceroni napolitains, qui changent à chaque section, et auxquels il faut nécessairement donner la légère gratification d'un carlin (45 c.), ce qui, multiplié à l'infini, ne laisse pas que de rendre chaque visite au musée beaucoup plus chère qu'une place d'orchestre à l'Opéra. L'extérieur de ces vastes bâtimens n'offre rien de bien remarquable. La façade s'étend sur une longue ligne, devant une place qu'on trouve en remontant entièrement la Strada di Toledo : aussi jouit-on, de quelques-unes des fenêtres, d'une vue assez belle sur la ville, qui descend en amphithéâtre vers la mer.

Éole a renfermé ses enfans impétueux dans les cavernes des îles dont le voisinage se fait ici trop souvent sentir durant l'hiver et le printems :

. . . . « Vasto rex Eolus antro
» Luctantes ventos tempestatesque sonoras
» Imperio premit, ac vinclis et carcere frenat. »

Le soleil brille enfin de tout son éclat ; nous en profitons pour aller visiter le château de Capo di Monte et la Certosa.

Nous remontons toute la rue de Tolède, nous passons devant le musée ; puis, toujours au pas, malgré la vivacité de notre petit cheval caparaçonné de cuivre poli, nous sortons de Naples par la porte de l'est. De là jusqu'au château, nous montons par une route en spirale, aux parapets de granit, tracée au milieu de jardins délicieux, de villas élégantes. Dans l'intervalle, à mesure que nous nous élevons, la vue s'étend et domine les parcs, les châteaux et les dernières maisons de la ville.

Enfin, nous sonnons à la belle grille de fer et nous sommes introduits, grâce à notre laisser-passer. Le château forme un vaste quadrilatère à angles sortans, dont la cour intérieure, entourée d'arcades, est assez triste à cause de la hauteur des bâtimens. Le roi n'y réside plus, car le château se trouve au-dessus des catacombes, plus grandes encore et plus curieuses à Naples qu'à Rome, et l'on craint qu'au premier tremblement de terre il ne s'enfonce au troisième dessous (style de théâtre).

Les objets les plus précieux ont même été transportés dans les autres palais. Les appartemens n'offrent donc plus qu'une suite innombrable de pièces assez nues, pavées en carreaux rouges cirés, genre de pavage fort usité en Italie, où les parquets sont impossibles, à cause des variations de température, et surtout des chaleurs de l'été, qui font éclater le bois.

Il reste cependant encore beaucoup de tableaux modernes représentant des faits historiques et des paysages des environs, de plus une table en mosaïque trouvée à Pompéïa.

Mais la vue dont on jouit des fenêtres de ce château est plus belle que toutes celles qu'ont rêvées les imaginations des peintres.

Les villas et leurs jardins enchanteurs dont nous avons parlé sont à nos pieds : ensuite la ville descend en amphithéâtre jusqu'au rivage, dont on distingue les courbes gracieuses. Les mâts des navires, les uns dénudés, les autres portant quelques toiles flottantes, indiquent le port ; à droite la colline qui supporte le fort Saint-Elme et celles de la grotte de Pausilippe ; à gauche, en suivant le cercle, les blanches constructions de Portici, Castellamare, Torre dell' Annunciata, Sorrente, au centre desquelles se dresse la cime du Vésuve couronné d'une fumée blanchâtre. Enfin, devant nous, le golfe de Naples aux ondes d'azur qui va s'élargissant et se perd dans l'immensité de la Méditerranée : quelques voiles latines se dessinent à la surface de l'eau vers laquelle elles s'inclinent sous le souffle du vent, et un beau brick, toutes voiles dehors, file majestueusement vers des parages éloignés.

De l'autre côté du château, sur une déclivité à peine sensible de la colline, s'étend un parc immense d'une luxuriante végétation.

Il semble un de ces bois aperçus dans le vague des rêves et remplis d'apparitions surnaturelles. Des allées droites, à la voûte ombreuse, s'échappent en éventail du château et sont croisées à une certaine distance par d'autres allées tortueuses : on marche et la voûte marche avec vous, car aucun point lumineux n'en fait présager la longueur : des arbres immenses, aux troncs couverts de lierre, s'aperçoivent dans le taillis, et les chevreuils effrayés traversent rapidement les allées, qu'ils suivent parfois durant un certain espace.

D'après la position du fort Saint-Elme, nous préjugions que la vue devait y être plus magnifique encore qu'au château de Capo-di-Monte : aussi l'avions-nous réservée pour plus tard, de même qu'un amateur se garde de placer dans sa galerie un Claude Lorrain avant une toile des expositions actuelles.

Le chemin qui mène au fort n'est pas à beaucoup près aussi agréable que celui de Capo-di-Monte. Il faut gravir à pic une rue mal pavée sur laquelle les chevaux peuvent à peine hisser la voiture : on fera mieux d'aller à pied ou de louer un des ânes qui stationnent au bas de la côte. Peut-être le spectacle de cette équitation fera-t-il un peu rire le populaire napolitain, très-nombreux de ce côté.

Femmes et hommes travaillaient ou se reposaient à la porte de leurs demeures : l'occupation générale des femmes n'était pas, je dois le dire, d'un aspect bien attrayant, car presque toutes rendaient à leurs enfans le service que les singes aiment tant à se rendre entre eux. Il est donc fort prudent de tenir ici le milieu de la chaussée.

On ne peut pénétrer dans le fort Saint-Elme, gardé par un régiment suisse ; nous nous dirigeâmes donc vers le couvent de chartreux qui se trouve un peu au-dessous. L'entrée ne ressemble guère à celle d'une sainte retraite : un pont-levis la défend, et il faut parlementer avec des Suisses, moitié en allemand, moitié en italien, pour qu'ils vous laissent passer.

Enfin, un factionnaire nous remit entre les mains du sacristain de San-Martino, qui nous ouvrit cette délicieuse chapelle.

Les murs sont revêtus de marbres divers, aux couleurs harmoniées, des médaillons en marbre de Carrare, sculpté avec art, occupent les panneaux et les entre-colonnemens. Des figures d'anges, des rosaces en basalte, des entablemens sculptés, complètent l'ornementation des parois de la chapelle, où des places ont encore été ménagées pour les toiles de Jules Romain et de Spagnoletto. Une *descente de croix* de Stanzioni témoigne encore de la jalousie effrénée de Spagnoletto : il conseilla aux moines de laver l'œuvre de son rival et mêla à l'eau des substances corrosives qui en altérèrent à jamais la couleur.

La balustrade du chœur est des plus riches qui se puissent voir : habilement sculptée sur un dessin fort compliqué, elle est couverte d'un entablement incrusté d'une plaque d'agathe orientale que viennent couper de larges médaillons en lapis-lazzuli. Les mosaïques des devans d'autel se composent de marbres précieux en pierres dures, et le pavé lui-même offre l'aspect d'une belle mosaïque, formé qu'il est de porte-or, de vert antique, de brocatelle, de Carrare, brillans du dernier poli.

On nous montra dans une chapelle attenante à l'église des stalles en marqueterie, patient ouvrage d'un artiste du xv.e siècle.

Les couloirs du couvent pavés en marbre et reluisant de propreté comme tout le reste, donnent entrée à plusieurs chapelles et oratoires d'une grande richesse. Enfin nous arrivons au cloître, de forme rectangulaire, dont le portique est soutenu par 64 colonnes de marbre blanc. De ce cloître on parvient sur un balcon, où le plus merveilleux panorama se développe tout-à-coup à la vue.

Au lieu d'être comme à Capo-di-Monte à l'extrémité du tableau, on se trouve au centre, et à une hauteur telle qu'aucun détail n'échappe. L'œil suit les méandres des rues de la ville entre ses hautes maisons, ses églises, ses dômes, ses clochers : on voit courir les voitures sur le largo del Palazzo et le largo del Castello, qui se replie en courbe jusqu'à la jetée du port. Voici, du côté de la mer, Capri, qui se perd à l'horizon, avec sa grotte d'azur si vivement colorée par les rayons du soleil de midi ; Ischia si fertile, aux vallées et aux montagnes pittoresques, avec sa villa principale bâtie sur un roc de basalte haut de 200 pieds ; Procida, sa voisine, née comme elle du sein des mers par les feux volcaniques, et qui, plusieurs fois déjà parut devoir y rentrer ; puis la côte de Baïa et de Cûmes, aux souvenirs virgiliens.

A l'opposé, on domine le mont Oliveto, dont le monastère possède une chapelle presque rivale de celle des chartreux par ses peintures et ses sculptures : le château de Capo-di-Monte, qui se dessine au milieu des grands arbres de son parc, puis au-delà, une plaine à perdre de vue, dont la verdure sert de fond aux maisons blanches des villes et villages parsemés sur son étendue.

Après une longue contemplation de ce paysage sans pareil, nous redescendimes par des rues abruptes sur le quai de Chiaja, du côté de Villa-Reale. Sur cette promenade plantée d'arbres se croisent, vers cinq heures du soir, des milliers d'élégans équipages. Ce sont les Champs-Elysées de Naples, plus brillans, plus constamment fréquentés, s'il est possible, que ceux de Paris : l'hiver un soleil bienfaisant y darde ses rayons sans obstacle, et pendant l'été le feuillage des arbres donne une ombre épaisse aux promeneurs, rafraîchis en outre par la brise de mer qui s'élève régulièrement.

Plus qu'ailleurs encore, la vie intime est isolée à Naples ; on ne se voit guère qu'au théâtre ou à la promenade, et la mode des visites est heureusement inconnue ; mais les soirées intimes le sont aussi. Les grands seigneurs, tels que les Colonna, les princes San-Severo, les ducs d'Ardore, les Pignatelli, les Riario-Sforza, donnent quelques fêtes dans leurs splendides palais, riches de tableaux et d'objets d'art, mais elles sont peu nombreuses.

Les ambassades, la cour, quelques hauts fonctionnaires se distinguent par leur fréquente et généreuse hospitalité. Nous devons citer en première ligne M. Adolphe Barrot, ministre de France, chez qui ses compatriotes trouvent un accueil si empressé et si aimable.

La promenade de Villa-Reale et le théâtre San-Carlo servent chaque jour de rendez-vous général. L'immense salle aux proportions si nobles et si bien combinées pour la vue et l'acoustique, s'emplit donc tous les soirs d'une foule brillante et animée. Les grands seigneurs, le corps diplomatique et les hommes d'Etat considérables occupent tout l'*ordine-nobile* ou les loges du second rang ; il est rare de trouver une clef à acheter à la porte dans ce rang de loges, encore faut-il la payer 60 ou 80 fr., suivant la saison et la vogue de l'opéra.

Les femmes en grande toilette, que la couleur rouge foncé des loges fait bien ressortir, s'occupent beaucoup plus, comme à Paris, de la salle que de la scène ; elles supputent tout d'abord le nombre de visiteurs qu'elles pourront recevoir ce soir-là, et cherchent de tous côtés les visages de connaissance. Bientôt une conversation générale s'établit et cesse à peine durant deux ou trois morceaux de l'opéra.

De là cette faiblesse et cette inégalité que nous reprochons aux ouvrages composés pour les scènes italiennes, et que le grand Rossini seul a évitées. Il ne savait être que sublime, même en improvisant !

Dans la plupart des théâtres italiens d'aujourd'hui, on ne saurait du reste parler trop et trop fort pour entendre le moins possible.

Mais San-Carlo fait exception ; il se fait là encore de la belle et bonne musique : pour la première fois, depuis que nous avions quitté

Paris, nous entendions un orchestre jouant avec ensemble et justesse, des chœurs nourris et marchant bien, des instrumentistes qui savent éviter les *couacs* et les *canards*. Nous ne parlerons pas de la *compagnie*, qui change à chaque saison ; mais il s'y trouve toujours les meilleurs artistes d'Italie pour le chant comme pour la danse.

La mise en scène est splendide ; les décors variés et bien peints, les costumes frais et riches. Ce sont les soldats de la garde qui figurent dans les manœuvres, les processions et les combats : tout se fait donc avec la régularité et la discipline militaires. Lorsque la partition exige un double orchestre, c'est aussi la musique des régimens qui vient sur la scène ; on l'annonce pompeusement sur l'affiche, *con banda militare !!* Ce vaste déploiement de personnages est nécessaire sur une aussi grande scène que les acteurs auraient peine à remplir, car elle n'a pas moins de 23 mètres de longueur sur 91 mètres de largeur.

Cependant les voix des chanteurs, qui ne brillent guère maintenant par la force ni par la pureté de son, emplissent bien cette salle à six rangs de loges, pouvant contenir environ 4,000 spectateurs, le double de l'Opéra de Paris.

Outre San-Carlo, il y a encore à Naples les théâtres del Fondo, San-Ferdinando, Nuovo, Fiorantini, della Fenice et San-Carlino, scène populaire où l'on récite en dialecte napolitain et à laquelle je n'ai pas trouvé un caractère bien marqué.

Il est difficile d'être piquant lorsqu'on n'a le droit d'attaquer ni les vices de l'ordre social, ni les ridicules des gens influens, ni les abus des fonctionnaires, ni l'avarice dont tel personnage pourrait être soupçonné, ni l'ambition, parce que c'est le défaut de trop d'hommes puissans, ni la galanterie, à laquelle s'adonnent parfois quelques dames de ce pays. Il est vrai qu'à part cela, on peut tout dire.

Les auteurs italiens ne trouvent pas probablement la liberté assez grande, malgré la souplesse de leur imagination. Rien de nouveau ne se produit au théâtre, et l'art dramatique est désormais perdu dans la langue de Goldoni et d'Alfiéri.

ENVIRONS DE NAPLES.

XII.

Grâce aux chemins de fer et aux bateaux à vapeur, les excursions dans les environs de Naples se font vite et facilement. Plusieurs fois par semaine, des bateaux partent pour Capri ou pour Ischia ; à chaque heure, on peut prendre le rail-way, ou, si vous voulez, la *Strada-ferrata* pour Portici, Pompeïa, Castellamare et Salerne.

Baïa, Cûmes et Pouzzole sont néanmoins privées des nouveaux modes de communication rapide, et il faut louer une voiture pour s'y rendre. Une route neuve, excellente, qui permettait de ne pas revenir sur ses pas et de longer le rivage de la mer avait été créée, mais la chute d'un énorme roc est venue interrompre toute communication de ce côté.

Nous traversâmes au bout du quai et du faubourg de Chiaja la grotte de Pausilippe : c'est un tunnel taillé dans le roc vif, assez large pour laisser passer deux voitures, et long de 960 pas. Cela pouvait passer pour une merveille avant que l'on eût creusé des souterrains de plusieurs milliers de mètres pour frayer un passage aux locomotives. En tout cas, c'est un ouvrage intéressant par son antique origine et une sortie commode pour la ville de Naples, bloquée de ce côté par des rocs élevés sur lesquels se trouve un prétendu tombeau de Virgile.

Jusqu'à Pouzzole, la route est fort insignifiante, et Pouzzole elle-même n'est qu'une bourgade assez laide, habitée en grande partie par des pêcheurs. Mais sur la montagne voisine sont les ruines d'un temple de Jupiter Sérapis, qui semble avoir été d'une grandeur considérable : il n'en reste que peu de colonnes, divers fûts brisés et des morceaux d'architraves bien fouillés. L'eau a envahi ces ruines depuis vingt ans.

Plus haut, se trouve un antique amphithéâtre d'une assez bonne conservation quant aux souterrains. Il est nommé amphithéâtre de Cûmes : on distingue les loges des animaux, leurs couloirs de sortie et une partie des gradins. C'est là que saint Janvier, exposé aux bêtes, fut épargné par elles, ce qui ne le sauva pas de la mort, car il eut la tête tranchée près de la *Solfatara*, fabrique de soufre établie sur un volcan à demi-éteint à 2 kilomètres de Pouzzole. En suivant de ce côté, nous rencontrons encore la grotte du chien, plus faite pour amuser les enfans que les hommes.

Un paysan, moyennant quelques carlini, asphyxie aux trois quarts un pauvre caniche en l'exposant au gaz acide-carbonique qui s'échappe de cette grotte.

Plus loin encore est le charmant lac d'Agnano, but de promenade fort agréable pour les Napolitains et les étrangers qui résident. Mais revenons à Pouzzole, où l'on nous a préparé un fort mauvais déjeûner dans une médiocre auberge.

On nous servit, sur notre demande, le vin du crû voisin, c'est-à-dire du Falerne. Dieu ! qu'Horace et Virgile avaient mauvais goût ! ou que le Falerne a dégénéré ! Nous ne fûmes pas tentés de nous écrier avec Delille :

« Mais Hébé verserait notre Falerne aux Dieux ! »

Et les vers d'Horace nous parurent une amère plaisanterie :

« Fertili Baccho minimùm Falernis invidet uvis. »

Nous reprîmes notre route à travers un pays si plein de souvenirs poétiques : on nous montra vers la gauche une colline très-élevée appelée Monte-Nuovo ; elle naquit tout-à-coup en une nuit, il y a vingt-deux ans, à la suite d'un tremblement de terre. Singulière contrée où les vallées deviennent subitement des montagnes et les montagnes des vallées ! Tel qui s'est bâti une maison sur un lieu élevé, se trouvera dans la plaine, et tel autre, sans s'en douter, se trouvera juché à la cime d'un mont !

Enfin, voici le lac Averne entouré de collines verdoyantes et qui n'a plus rien de l'aspect sinistre que les poètes lui prêtèrent : sur le flanc d'une de ses collines s'ouvre l'antre prétendu de la sybille de Cûmes qui pourrait bien n'être autre chose que l'entrée des enfers décrite par Virgile :

« Spelunca alta fuit, vastoque immanis hiatu
» Scrupea, tuta lacu nigro nemorumque tenebris
» Quam super haud ullæ poterant impunè volantes
» Tendere iter pennis. »

« Il y avait une haute caverne, à l'entrée béante et vaste, protégée
» par un lac noir et les ténèbres des bois, au-dessus de laquelle les
» oiseaux ne pouvaient impunément suivre leur course aérienne. »

Il nous semble que cet antre réunit bien les conditions indiquées par le poète. L'entrée est vaste, il y fait bien noir, elle est près du lac ; il n'y a que les bois qui manquent, mais on les a abattus depuis.

Quitte à rencontrer Pluton ou Proserpine, nous pénétrâmes dans la caverne, qui n'a rien de curieux. Les effrénés spéculateurs qui nous suivaient à la piste nous prirent bon gré malgré sur leur dos pour parcourir les deux chambres de la sybille, où il y a constamment trois pieds d'eau. Quel humide séjour elle avait choisi là !...

Plus loin est une autre grotte que ces farceurs de ciceroni ont nommé bains de la sybille. Elle avait là un bain de vapeur au premier degré, car l'homme qui alla nous puiser de l'eau au fond de la grotte pour y faire l'expérience de la cuisson d'un œuf, revint haletant, suant, n'en pouvant plus.

Ailleurs qu'en Italie ces niaiseries, décorées de noms pompeux, passeraient inaperçues. Mais ailleurs aussi cette eau minérale qui sort bouillante de la terre, serait amenée par des conduits hors de la caverne et servirait de remède bienfaisant. Une prétendue porte grecque en ruines qu'on montre à Cûmes n'offre aucun intérêt ; nous aimions mieux nous rappeler que Virgile fait aborder ici la flotte des Troyens :

« Et tandem Euboïcis Cumarum allabitur oris. »

Baïa n'est plus qu'un mauvais village en proie à la *malaria* pendant l'été. On y voit la moitié de la coupole d'un temple et quelques vestiges de deux autres, de plus des restes de bains publics sur les voûtes desquels sont encore quelques bas-reliefs à demi-effacés. On grimpe sur le cap Misène par un étroit sentier qui passe à travers des propriétés de paysans. Tous vous taxent au passage, et déjà, dans cette matinée, nous avions donné soixante francs en bonnes mains, ciceroni et gardiens : ceci pour mémoire de la rapacité napolitaine, qui est sans égale en Europe.

La vue du cap Misène est fort belle ; c'est, du reste, la seule dont on jouisse dans cette excursion.

Naples, le fort Saint-Elme, se dessinent à l'horizon ; nous avons vis-à-vis nous, de l'autre côté du golfe, le Vésuve et à son pied Portici, Résina, Torre dell'Annunziata ; un peu à droite, Castellamare et Sorrente : puis, en mer, les îles d'Ischia et de Procida assez rapprochées ; enfin, nous dominons les lacs Lucrin et de Fusaro (l'ancien Achéron) et le port de Misène, autrefois composé de trois bassins dont l'un s'appelle *Mare-Morto* : sur ses bords étaient les Champs-Elysées. Un pareil port devait contenir un grand nombre de navires : en outre, Agrippa avait joint à la mer les lacs Lucrin et d'Averne, comme c'est attesté par ce passage de Suétone :

« Portum Julium apud Baias immisso in Lucrinum et Avernum mari
» Agrippa effecit. »

Et aussi par ce vers de Virgile :

« Tyrrhenusque fretis immittitur œstus Avernis. »

Sur le promontoire de Misène se trouvent encore les réservoirs de Lucullus. Leur conservation est prodigieuse ; à peine peut-on enlever quelques parcelles de ce ciment indestructible qui couvre les briques. Les voûtes, effondrées en quelques endroits, sont soutenues par 48 pilastres ; l'effet général est imposant. J'ai lu quelque part qu'à la mort de Lucullus on avait vendu le poisson de ces réservoirs pour une valeur d'un million et demi de notre monnaie.

Puisse-t-on obtenir bientôt par la pisciculture d'aussi beaux résultats ! à condition toutefois de ne pas jeter des esclaves aux murènes.

Supposez que nous ayons un bateau à vapeur à notre disposition et traversons ce golfe aux ondes bleues pour nous rendre sous les bois d'orangers de Sorrente, où nous ferons une délicieuse promenade, puis nous gagnerons par la montagne Castellamare aux maisons blanches, aux nombreuses villas répandues sur les flancs de ses collines.

Les Anglais qui passent l'été à Naples occupent en grande partie ces jolies maisons de campagne dans ce site ravissant, plein d'ombre et de fraîcheur, vis-à-vis la mer où se reflète l'azur du ciel et qu'un soleil ardent argente de ses rayons. La Villa-Reale, qui est peu de chose par elle-même, offre une promenade des plus agréables. On y va par une route montueuse, bordée de chênes touffus. Ses beaux jardins en amphithéâtre occupent le pied de la montagne, qui les domine de sa cime rocheuse couverte de bois.

Un sentier serpente le long du roc, et en le prenant, on se trouve subitement au fond d'une forêt sauvage en sortant d'un jardin rempli de fleurs, d'orangers, de jasmins, de myrthes, où des jets d'eau s'élancent de tous côtés. Il a été facile de les établir, car des ruisseaux descendent du haut de la montagne et bondissent sur des rocs en formant des cascades d'eau limpide.

Le sentier mène à une terrasse d'où l'on domine la ville et le port si profond et si sûr, où souvent sont mouillés des vaisseaux de ligne de premier rang. Au loin, l'œil suit la côte que nous avons si souvent décrite jusqu'à Naples, qui se dessine à l'horizon. Nous-mêmes nous allons parcourir rapidement ce rivage sur l'aile de la locomotive, qui nous arrêtera d'abord à Pompeïa, car Pompeïa est une station de chemin de fer tout comme Saint-Cloud et Enghien. Nous nous trouvons tout-à-coup dans une contrée dénudée et dont le sol n'est que cendres, comme si nous avions fait vingt lieues depuis Castellamare. Trois lieues à peine nous en séparent pourtant. Un des gardiens de la ville antique nous attend au bas de la rue des Tombeaux, qui en est une sorte de faubourg. Des deux côtés de cette longue rue en pente, au bout de laquelle on aperçoit la porte de la ville, s'élèvent des *tumuli* de forme quadrangulaire pour la plupart, qu'entourent des ifs et des cyprès.

Il y avait aussi plusieurs maisons de campagne, entr'autres celle de Diomède, dont la femme et les serviteurs se réfugièrent dans la cave lors du cataclysme qui ensevelit Pompeïa sous une avalanche de cendres, et y subirent une mort affreuse.

Presque tous les habitans de Pompeïa ont sans doute trouvé dans la fuite un moyen de salut plus certain, car on n'a découvert jusqu'ici qu'une centaine de squelettes dans les fouilles qui ont mis au jour les deux tiers de la ville.

Les caves de la maison de Diomède en ont fourni dix-sept à elles seules : elles contiennent encore quelques amphores pour le vin et des cruches où se gardait l'huile. — Elles ont la forme d'un couloir souterrain qui tracerait les quatre côtés d'un rectangle. Cette maison, chose fort rare à Pompeïa, avait trois étages : deux seulement existent encore avec une partie du toit : un péristyle ou galerie entoure l'*atrium*, qui serait la cour d'aujourd'hui ; au centre est un bassin carré nommé *impluvium* destiné à retenir les eaux du ciel. Un corridor longe les chambres, qui avaient vue sur la mer. Disons de suite que toutes les maisons considérables avaient à peu près la même distribution. Mais cette villa *suburbana* était un palais véritable : *triclinium* ou salle à manger d'été et d'hiver, cabinet et pièce plus grande ornée de peintures, *cubicula* ou chambres à coucher, *vestiarium, sudatorium, tepidarium,* faisant partie des salles de bains, ce qu'il y a de plus élégant dans chaque habitation, appartemens des femmes et beau jardin entouré de portiques.

On a trouvé plusieurs des fenêtres vitrées qui fermaient ces diverses pièces encore en bon état. Un des squelettes portait une bourse contenant des pièces d'or, et nous avons dit que la femme de Diomède avait au bras de riches bracelets.

Jusqu'à la porte de la ville on ne rencontre plus, au milieu des tombeaux, qu'une hôtellerie où logeaient les étrangers, qui n'avaient pas le droit de coucher dans l'enceinte des murs.

Cette enceinte, ainsi que la porte, est assez bien conservée de ce côté. Elle se compose d'une double muraille avec intervalle de 20 pieds.

Le spectacle qui se présente à l'entrée de la ville frappe si vivement l'imagination, qu'on ne saurait l'oublier jamais. On croit pénétrer dans une ville récemment détruite par un tremblement de terre. Plus un toit sur les maisons, dont quelques façades se sont écroulées : du reste, des murs où le tems n'a point marqué, des colonnes stuquées encore debout, des sculptures qui n'ont point été usées par l'intempérie des saisons, des peintures encore fraîches, des marbres conservant tout leur poli.... Il semble que cette cité, bâtie il y a cinquante ans à peine, ait été tirée nouvellement des couches de cendres qui l'ensevelirent à une profondeur de cinq mètres ; et pourtant ce fut l'an 79 qu'elle disparut pour des siècles de la surface de la terre !

Une rue longue, étroite et courbée s'étend devant nous : voici le dallage primitif sur lequel les roues des chars ont tracé deux ornières : les trottoirs sous lesquels passent les conduits d'eau qui attestent la supériorité des édiles de 79 sur ceux de bien des villes de 1852 : ici était un disque en bronze sur lequel devaient frapper les conducteurs de voitures pour faire attendre ceux qui venaient en sens invers, car ils ne pouvaient se croiser au commencement de la rue.

Nous visitons successivement une auberge, un café ou débit de liqueurs, la maison des Vestales, riche de peintures et de mosaïques, celle du chirurgien où furent trouvés beaucoup d'instrumens, celle du boulanger où l'on voit les moulins à moudre le blé, composés d'un mortier en pierre et d'une sorte de pilon s'adaptant à la grandeur du mortier et tournant au moyen de leviers.

Le four si bien conservé de la maison de Salluste est semblable aux nôtres. Cette maison elle-même est grande et belle ; mais, comme les autres, elle a pour chambres à coucher de petits cabinets où l'on devait avoir peine à s'étendre.

La *Casa Fontana prima* est remarquable par son *atrium* et une fontaine ornée de coquillages ; celle des dioscures par ses peintures à fresques, ses mosaïques, la colonnade de son portique, son jardin et sa belle façade sur la Via di Mercurio.

Plus de détails nous mèneraient trop loin, car nous avons encore la maison d'Apollon, celle de Méléagre, celle du labyrinthe, celle du faune, celle du poète dramatique, plusieurs lupanars qu'on distingue à leur enseigne parlante, sculptée grossièrement sur la porte, mais dont les peintures intérieures ne sont point d'une indécence que le lieu pourrait comporter. — Les bains publics sont, comme dans toutes les villes romaines, fort soignés et fort élégans. La piscine d'eau froide est en marbre blanc, une coupole fort ornée la recouvre ; sur le pavé on découvre des restes de marbres précieux d'un superbe poli.

Le *tepidarium* pour les bains tièdes contient encore d'excellens bas-reliefs en stuc et de jolies cariatides. L'étuve est aussi bien combinée qu'elle eût pu l'être de nos jours. Un calorifère, dont les tuyaux font le tour de la salle, donnait la chaleur par diverses bouches : les murs étaient cannelés pour laisser écouler plus facilement la vapeur condensée.

En fait de monumens publics, il faut citer les deux théâtres, dont il reste peu de chose, et la basilique où se rendait la justice : c'était une immense salle à colonnes dont il reste beaucoup de débris ; enfin, l'amphithéâtre, qu'il faut aller chercher à près d'une demi-lieue, à travers des vignobles qui prospèrent sur la cendre recouvrant encore une bonne partie de Pompéia.

Cet amphithéâtre pouvait contenir environ 20,000 spectateurs, ce qui peut donner l'idée de la grandeur de la ville. Les fouilles, si coûteuses, se ralentissent ; car on croit avoir découvert les plus beaux quartiers. Le quartier marchand n'offre que peu d'intérêt : les boutiques ressemblent fort à une remise étroite : sans doute les commerçans logeaient ailleurs.

Nous partîmes de Pompéia pour faire l'ascension du Vésuve : c'est le plus mauvais côté, car les chevaux enfoncent dans des montagnes de cendres jusqu'aux genoux. De grands et beaux villages sont construits sur les flancs de ce volcan qui d'un jour à l'autre peut les engloutir. Les habitans insoucieux cultivent des vignobles fort productifs qui fournissent un Lacryma-Christi aussi bon à peu près que celui de la vigne des Ermites. L'Ermitage est de l'autre côté, sur la route qui vient de Résina : il est fort pénible d'arriver jusqu'au cratère, car on glisse sur la lave qui vous déchire les pieds, et l'on voit peu de chose à cause de la fumée qui s'échappe sans cesse.

Somme toute, malgré les belles horreurs du Vésuve, son ascension offre moins d'intérêt que celle de beaucoup de monts de la Suisse et des Pyrénées. La cendre vole vers Pompéia, et la lave qui engloutit Herculanum menace encore Portici, bâti sur la croûte épaisse qu'on a peine à entamer pour découvrir quelques maisons de la vieille ville. Les rares monumens, dégagés jusqu'ici de cette terrible enveloppe, ne se voient qu'à la lueur des torches et attirent peu d'étrangers. On préfère parcourir la côte d'Amalfi et visiter les trois beaux restes de temples grecs demeurés seuls debout, comme pour donner une idée aux postérités futures des splendeurs de Pœstum, la grande et noble cité, devenue un affreux désert où rampent les serpens, et où la malaria sévit en toute saison avec une intensité qui fait de l'eau un poison et rend le sommeil mortel.

FIN.

www.ingramcontent.com/pod-product-compliance
Lightning Source LLC
LaVergne TN
LVHW020955090426
835512LV00009B/1909